反知性主義とファシズム

金曜日

第一章　ＡＫＢ最終原論

第二章 『つくる』の解釈に色彩を持たせる

第三章 『風立ちぬ』の「ふやけたファシズム」

第四章　日本にヒトラーは来ない

はじめに

斎藤 環

『週刊金曜日』の仕事に関わるうちに、ふとしたことから佐藤優さんと対談を、という話を振られたときは驚きました。

佐藤さんと言えばラスプーチンです。なにしろ最初の著作が『国家の罠 外務省のラスプーチンと呼ばれて』（新潮社）というくらいで、「ラスプーチンかく語りき」を朝日新聞出版のＰＲ誌『一冊の本』に連載していました。

国策捜査で冤罪をでっち上げられ勾留されるも、その逆境を撥《は》ね返して、華々しく論壇にデビュー、以後の快進撃はご存じの通り。彼を陥れようと暗躍した人たちは、「倍返し」どころではない反撃をくらって、さぞ頭を抱えたことでしょう。

「デビュー」以来現在に至るまで、共著も入れたらほとんど「月刊・佐藤優」というペースで旺盛な執筆活動を続けられ、連載本数もめまいがするレベル。ご本人によれば月平均の執筆量は原稿用紙1200枚相当で、そのうえメルマガも発行されているというのです。ゴーストもコピペもなしにこの生産性、恐れ入るほかはありません。

副業文筆家ながら、私もけっこう節操なく本を出してきた方ではありますが、佐藤さんのペースには到底及ぶべくもありません。口述とかで内容の薄い本を量産するのはさして難しくありませんが、佐藤さんの場合は濃縮還元と言いたくなるほどの情報量が詰まっていて、実に読み応えがあります。

そこへ持ってきてあの巨軀とあの炯々《けいけい》たる眼光ですから、否応なしにキャラも立ちまくりです。私はかねがね、キャラの立った日本人は必然的にヤンキー化すると提唱してきましたが、佐藤さんは数少ない例外と言えるでしょう。

というわけで、たいへん興味深くはあるけれど、私とはあんまり接点がない方であろう、と遠巻きにして眺めていたところ、降って湧いたようにこの対談の企画が持ち上がったのでした。最初のお題はよりにもよって「AKB48」。どんな準備をして良いやらわからなかったので、ほとんど手ぶらで対談会場に臨んだところ、佐藤さんの意外なノリの良さに話題もあちらこちらへと拡散し、あまり他ではお目にかかれないようなやりとりになったと思います。

佐藤さんと私は、世代がけっこう近いわりには、住んできた世界も知的トレーニングの背景もかなりかけ離れています。外交官と精神科医という違いはもちろんですが、例えば私は世代的にも「サブカルの申し子」を自任しています。世間的にも「やたらサブカルを語りたがる精神科医」くらいの認識かと思いますが、佐藤さんは意外なほどその方面については禁欲的です。

われわれ前後の世代の物書きは、多かれ少なかれオタク的な人間が多いのですが、佐藤さんにはそうした臭いがあまり感じられません。むしろ同世代には珍しいほどオーソドックスな教養人、という印象すらあります。それゆえか、良くも悪くも、若者におもねらない。上の世代からの絶大な信頼感も、こういう剛毅な姿勢によるところが大きいのではないでしょうか。

そうした姿勢はＡＫＢを語った箇所よりも、むしろ村上春樹を論じた部分で際立ってきます。もともとこの対談集は脱線部分こそが売り、みたいなところがありますが、これだけ振幅の大きな春樹対談はほかに例がないのではないかと、ゲラを読み返してみて驚きました。もちろん振幅の大半は佐藤さんの誘導によるものですが。

おそらく本書の最大の読みどころは、佐藤さんと私の意見がもっとも対立した『風立ちぬ』論でしょう。佐藤さんは本作を全面的に批判します。しかし私は、この対談の時点ではジブリ作品中三位という高評価で、祝言の夜の菜穂子は「描かれた女性」のアイコンとしては最も美しい、とまで絶賛しました。今にして思えば、さすがに「三位」は褒めすぎでしたが、肯定的評価は今も変わりません。

これほど評価がすれ違っても対話が成立し得たのには、宮崎駿のファシズム親和性が重要なポイントとなったためです。この点について佐藤さんと私の意見はほぼ一致しています。評価が分かれるのはそこから先で、簡単に言えば佐藤さんは、宮崎駿がおのれのファシズム性を否認しようとひたすら「逃げ」を打っているという批判、私は宮崎自身の抱え込んだファシズム性に対する自覚と葛藤を赤裸々にさらけ出し得た点で評価する、ということになります。

たぶんこの違いをもたらしたものが、オタク性の有無ではないかと思うのです。私は多分にオタク的な感性を抱えているので、ロリコン表現に敏感に反応しますが、佐藤さんはオタク性が比較的乏しいので、批判的視点が維持できる。私は宮崎氏がおのれのファシズム性をロリコン性で「去勢」したと考えますが、佐藤さんからすれば甘い評価、ということになるでしょう。

ちなみに対談で垣間見えた佐藤さんの飛行機マニアぶりは、いわゆるオタク性とはちょっと位相が違います。対談でも提案していますが、宮崎駿×佐藤優対談、なんとか実現できないものでしょうか。ものすごくスリリングな対話が展開することは、私が保証します。

さらにこの対話から話が転んで、最終章のファシズム論に行くわけですが、日本において本質的な意味でのファシズムは成立しがたい、という認識が共有できたのは、意外でもあり嬉しくもありました。安倍総理をヒトラーになぞらえることの問題は、見当違いの批判が、批判される側にとって、きわめて有効な煙幕になりうるためです。むしろ佐藤さんが言われるように「ファシズムにもなり得ない恐ろしい状況」という現状認識のほうが批判としてははるかに有効でしょう。これはぜひとも『風立ちぬ』論とセットでお読みいただきたい対談です。

さて、佐藤さんはこれからどこへ向かうのでしょうか。それは私にもよくわかりません。ただこれだけは言えます。佐藤さんは旧来の右派、左派といった区分を、いっそう無効化しようとしているのではないか。ただしそれは、決して左右を折衷《せっちゅう》しようということでもなければ、これもまたありがちな「是々非々」で行こう、という主張でもありません。

ジジェクが近著で指摘するように、いかなる調和も不完全な調和に過ぎないのです。私たちが考えるべきはバランスを取ることではなく、「バランスの尺度そのものを変えてしまう」ことです（スラヴォイ・ジジェク『ジジェク、革命を語る』青土社）。

もう少しジジェクの引用を続けましょう。ベンヤミンが言ったように「あらゆるファシズムの勃興は、革命が失敗に終わったあかしである」とすれば、中国やシンガポールで実現されているような「アジア的価値観をともなった資本主義」（＝全体主義的資本主義）はその好例です。しかしこの言葉、どこかで聞き覚えはありませんか？　どこかの総理が「瑞穂《みずほ》の国の資本主義」などという寝言を呟いていてはいなかったでしょうか？

北朝鮮そのものが、全体主義国家のパロディに見えてしまう（もちろんその現実は悲惨なものですが）この世界において、警戒すべきはもはやナチス型のファシズムではありません。まさに中国やシンガポールがそうであるような（見かけ上は）開発独裁型の全体主義、あるいは日本のような「中間集団全体主義」（内藤朝雄）のような、まだら状で、無自覚な、勝手に自生してくる〝ふやけた〟全体主義ではないでしょうか。

それは虐殺のような過激さもなく、思想的な徹底性もなしに、ときに人々の欲望すらも肯定的に反映します。この種の、いわばポストモダン全体主義が力を持つとき、もはや旧来の右─左といった党派区分は無効になるほかはありません。また、だからこそ個人の抵抗は無力化され、抑圧がもっとも完璧になされうるのです

ファシズムの件《くだり》で佐藤さんが言及している沖縄問題がこれに近い。「下からのファシズム」といった、いっけん過激な表現には、沖縄問題のみならず、世界全体にはらまれている問題の複雑な構図が反映されています。もはや抑圧者と被抑圧者を簡単に切り分けること自体が困難になりつつあるのです。

佐藤さんが切り込もうとしているのは、この複雑な状況そのものに対

してではないか。だからこそ佐藤さんは、狭い党派性にとらわれることなく、領域横断的な発信を続けられているのではないか。私にはそんな風に思われてなりません。もしそうであるなら、及ばずながら私も同じ立場です。私自身も「尺度を変える」ことを、強く願うものの一人ですから。実は私の「ヤンキー論」も、そのための補助線に過ぎません。

……とまあ、このまま威勢良くこの文章を締めくくっても良かったのですが、最後に言わずもがなのことをあえて付け加えておきます。立場も意見も視点も異なるわれわれ二人が、とにもかくにも対談を続けてこられた最大の要因は、互いに「猫好き」であったことが大きいのではないか、とも思うのです。

率直に言えば、普段はあまり身なりに構わない（ように見える）佐藤さんは、よくグレーのトレーナー姿で登場します。実は私と佐藤さんは、二〇一四年から『毎日新聞』の書評委員としてもご一緒するようになったのですが、書評委員会のパーティーでもおなじみのトレーナー姿でした。ひょっとすると私の知らない高級ブランドのトレーナーだったりするのかもしれませんが、トレーナーはトレーナーです。

それはともかく、これから佐藤さんに会われる方には、このトレーナーをよく観察することをお勧めします。種類の違う猫の毛がたくさんくっついていることがわかるでしょう。最初の対談で、話題が一段落したところで猫談義となった際の破顔ぶりは今でも忘れられません。ラスプーチンがトトロに変貌した瞬間でした。なんと佐藤家は人もうらやむ多頭飼いということで、猫専用の部屋まであるとか。

たったいま私も愛猫チャンギを膝にのせながらこの原稿を書いていますが、執筆と猫はとうてい切り離すことができません。みなさんも想像してみてください。あの佐藤さんが愛猫を抱きかかえ、かわりばんこに頬ずりしたり、お腹に顔を埋めたりしている姿を（そんなことはやってない、とは言わせません）。

元外務省主任分析官のラスプーチンすらもメロメロにしてしまう猫こそ恐るべし、です。ジブリ作品でも『猫の恩返し』を最も高く評価する佐藤さんは、やっぱりオタクっぽくはありません、そう、私たちは「ただの猫好き」なのかもしれない。そういう角度からこの対話を読んでみれば、また違った味わいがあるかもしれません。

第一章 AKB最終原論

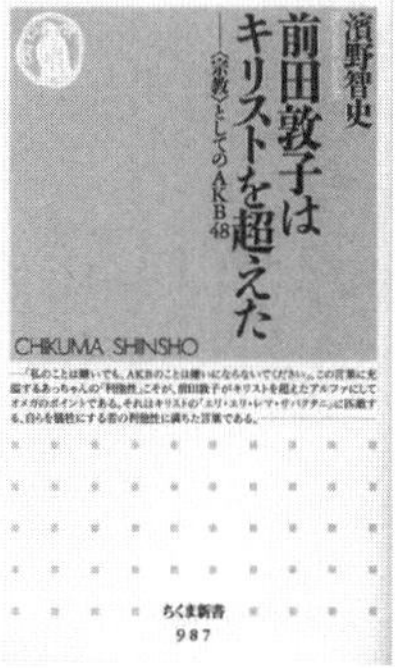

『前田敦子はキリストを超えた——〈宗教〉としてのAKB48』

著者:濱野智史　ちくま新書

批評家である著者がAKB48の「伝道師」として、
AKBが熱狂的に支持される理由を語った書。
吉本隆明氏の『マチウ書試論』を引き合いに、
人気メンバーの前田敦子(2012年8月27日にAKBを卒業)の
「私のことは嫌いでも、AKBのことは嫌いにならないでください」
という言葉から利他性を読み解いていく。
握手会・総選挙・劇場公演・じゃんけん大会
といったAKB特有のシステムを、自身の体験から
近接性、偶然性、超越性をキーワードに語り、
AKBが世界宗教たりうることを述べる。

斎藤　ＡＫＢ48は二〇一五年で総選挙が七回目で、年末には総監督の高橋みなみが卒業しますね。ＡＫＢについては、私の関心分野であるキャラ論[1]から興味深く見ていたんです。佐藤さんはどういうところからですか？

佐藤　私がＡＫＢのリアルな力を感じたのは、以前ある対談で「前田敦子さんって美人なんですかね」と思わず言ったら、編集者に「絶対ここ落としますから」って言われた時なんです。

斎藤　（爆笑）。

佐藤　「こんなことを書いたら編集部に電話やファクスやメールが来て収拾がつかないことになるから」と言われて。たまたまそのとき読んでいたのが、ニクラス・ルーマン[2]の『信頼』（勁草書房）だったんです。社会的な複雑性の縮減メカニズムのためのシステムとして信頼は非常に役に立つというところを読んでいて。ＡＫＢは信頼なんだ、さらには、信頼がもっと固まって信仰の域にあるんじゃないかと漠然と思ったんですね。

斎藤　そうですね。確かに二〇〇五年のデビュー当時、劇場に集まったわずか七人のファンの「信頼」からはじまっているのは間違いないでしょうね。しかし信頼も一定の規模を獲得すると信仰に化学変化を起こすのでしょう。ファンの人口という外延量が、信仰の強さという内包量に変換されるわけで

1―キャラ論　斎藤環は著書の『キャラクター精神分析』でキャラクター論を展開している。斎藤の定義では、キャラクターとは「同一性を伝達するもの」であり、同一性を伝達する存在は、すべてキャラクターである。

2―ニクラス・ルーマン　1927～98年。ドイツの社会学者。1970年代初頭、ハーバーマスとの論争により名を高めた。80年代以降は社会システム理論に「オートポイエーシス」概念を導入し、ポスト構造主義なども視野に収めつつ、新たな社会システム理論の構築を試みた。著書に『宗教社会学　宗教の機能』『信頼　社会的な複雑性の縮減メカニズム』『社会の法』『社会システム理論』など。

す。

橋下批判とパラレル

佐藤　斎藤さんの『Ｖｏｉｃｅ』（二〇一〇年一一月号）の論考が(3)、非常に面白かったです。

斎藤　ありがとうございます。半分以上、冗談で書いたところもあるんですけど（笑）。

佐藤　福田和也さんや金子勝さんのＡＫＢ批判を読んで、ふっと三〇年くらい前のある論考を思い出したんです。向坂逸郎(4)の「にんじん」というタイトルのつまんないエッセイです。「最近の若い女たちはにんじん色に髪を染めてる。あれはなんじゃ」と。ミニスカートも気に食わない、とも書いている。「お尻が出るようなミニスカートを穿《は》いて歩いてるのを見ると、独占資本の超過利潤が足を出して歩いているようだ」と表現してるんですね。福田さんや金子さんはまさにそういう感じでＡＫＢを見てるんだなと思いました。

3｜**斎藤さんの『Ｖｏｉｃｅ』（二〇一〇年一一月号）の論考**　斎藤環が2010年11月号『Ｖｏｉｃｅ』に寄稿した「『ＡＫＢ48』キャラ消費の進化論」のこと。「ＡＫＢ商法」や「キャラ消費」のシステムや、アイドル消費の発展段階を柄谷行人の『世界史の構造』を参考にしながら論じている。

4｜**向坂逸郎**（さきさか・いつろう）1897〜1985年。福岡県生まれ。経済学者。1951年、山川均らとともに社会主義協会を創設。山川の死後、同協会系の活動家の間ではカリスマ的存在となり、社会党に対し強い影響力をもった。九州大学での講義や言論活動とともに、全国の勉強会に赴いて労働者の教育に力を入れた。1960年の三池闘争は、勉強会に参加していた活動家が中心となった。著作に『資本論入門』などがあるほか、翻訳書に、マルクス『資本論』がある。

斎藤　完全に部外者的な立場から書いてます。『Ｖｏｉｃｅ』で書いたときの状況は、濱野智史《はまのさとし》さんや宇野常寛《うののつねひろ》さんがＡＫＢを応援する前で、いわゆる識者からは「くだらないもの」という感じで片付けられてしまっていて。福田さんは「現代の角兵衛獅子」というすごい古い言葉を使って、金子さんはもうちょっとひねってモーニング娘。ファンとしての立場から、くだらないとか言ってみたりしてました。

ＡＫＢ叩きは、橋下徹が叩かれるのと、パラレルの関係です。橋下叩きは、ヤンキー嫌いの識者の生理的反応がずいぶんありました。その延長で言えば、秋元康さんにはヤンキー的要素がずいぶんありますから。

佐藤　あとサラダボール（並立共存）的なものへの反発があるのかもしれません。

斎藤　そうですね。

佐藤　福田さんはともかくとして、金子さんの議論というのは本当にベタですよね。

斎藤　ものすごいベタですよ。モーニング娘。を引くところでいくぶん福田さんよりは近寄ろうという姿勢は感じますけれど、モー娘。の消費形態というのは、九〇年代的なもので、かりに今モー娘。をデビューさせたとしても、ＡＫＢほどの広がりはないでしょう。モー娘。はモーオタと呼ばれる人々を中心とした限られたファン層でしたが、ＡＫＢのすごいところは子どもから大人まで、男の子も女の子も好きなところです。そういう汎用性の高さは否定できないし、一定の評価は必要だと思いました。

あとＡＫＢ批判は、秋元さんのヤンキー的要素への反発に加え、「あんな八〇年代の亡霊みたいな人を復活させてなるものか」みたいな意地というか、嫌悪感や私的怨恨を見えにくくして語っているようにしか見えなくて。それが非常に残念で、『Ｖｏｉｃｅ』の論考を書きました。

佐藤　なるほど。

斎藤　冒頭に話したキャラ論はどこから来たかというとジャニーズからなんですね。

一見したところジャニーズ人気は、若いイケメンに対する女子の人気と解釈されてますけど、実際は違います。ジャニオタからしてみると、たとえば嵐の二宮和也くんがジャニーズ事務所から独立しちゃったらダメなんです。「ジャニーズブランド」というものがあって初めてエンターテインメントになる。どういうことかというと、ある集団があって、集団の中で一つの個体に付与されるものが「キャラ」なんです。ジャニーズでもあるグループの中のキャラの魅力に引かれていくということが相当強い。

これがジャニーズ事務所が創始した、アイドルをブランド化するという戦略です。だからジャニーズは非常に息が長いですよね。ジャニー喜多川さん自身が戦後まもない時期にジャニーズという最初のグループを作ってから半世紀の歴史があるけれど、いまだに人気が衰えるどころか、ますます新規拡大してる。非常に強いシステムです。

ＡＫＢは、システム的なところがジャニーズとかなり似通っていて非常に興味深かったんですね。ＡＫＢというブランドを作って、ＳＫＥ48など複数の戦略のもと、メンバーを入れ替えています。

佐藤　斎藤さんが『Ｖｏｉｃｅ』で展開されていた「キャラ論はまさに役割なんだ」というお話を私は別の道具立てから見てたんですよ。それは役割理論を展開した廣松渉(5)です。要するに、人は人生劇場の中で何らかの役割をしているということです。たとえば課長職とか、精神科医とか、特定のポジションにくると固定して動けなくなる。そうすると役割じゃなくて、役柄になるんです。

カール・バルト(6)の言葉ですけど、ＡＫＢの人たちは「制約の中での自由」というか、「役割がだんだん役柄になっていって大変そうだなぁ」と思いま

5―**廣松渉**（ひろまつ・わたる）1933〜94年。福岡県生まれ。哲学者。1949年、高校進学と同時に日本共産党に入党。離党後の58年に結成された共産主義者同盟（ブント）を理論面で支援した。67年創刊の『情況』の創刊にも関わった。著書に『存在と意味』『唯物史観と国家論』『生態史観と唯物史観』『マルクス主義の地平』など。

6―**カール・バルト**　1886〜1968年。スイスの神学者。弁証法神学の代表者で、第一次大戦後の神学思想に深い影響を与えた。著書に『ローマ書講解』『十九世紀のプロテスタント神学』『教会教義学』など。

す。大変そうだから、見ている方は楽しいんでしょうね。

斎藤　そうですね。キャラの割り振りにしても、芸能人の場合は本人の性格とは必ずしも一致しない、まさに「役柄」になりがちですしね。ただ役柄と違って「降りる」ことができない。でも、役柄も含めて、少女たちが困難に立ち向かうさまを愛《め》でる、というのは、最近のアイドルブームの基本にある気がしますね。

佐藤　あと、アイドルをブランド化していくっていうことについて、私はまた別の道具立てで見ちゃうんです。すごく古い話なんですけど、『現代のヒューマニズム』などを書いた務台理作[7]という人がいます。戦後は、マルクス主義の知識人と見られたんですが、彼は一九三九年、三木清[8]たちが編集した『廿世紀思想』（河出書房）で第八巻「全体主義」の巻頭論文を書いてるんです。「全体主義というのは、多元なんだ」と言ってるんですが、要するに、全体というのは種による全体だから、普遍主義とは違うんだというんです。これは非常に的確で、ファシズムの理論のうまい説明なんです。ですから、キャラ論も、まず種が先行していて、種の中に個体があるんだということですね。田辺元[9]の理論でも同じことが語れると思うんです。

それから、『資本論』の第三巻をあんまり注目する人がいないんですけど、

7—**務台理作**（むたい・りさく）1890〜1974年。長野県生まれ。哲学者。京都帝国大学在学中に西田幾多郎（1870〜1945年）に師事。フランスとドイツに留学し、フッサール（1859〜1938年）から学ぶ。台北帝大教授を経て、東京文理科大学（現在の筑波大学）教授や学長などを歴任。戦後は社会主義ヒューマニズムを提唱した。著書に『フィヒテ』『哲学概論』『現代のヒューマニズム』など。

8—**三木清**（みき・きよし）1897〜1945年。兵庫県生まれ。哲学者。京都帝国大学で西田幾多郎に学んだ後、ドイツに留学し、リッケルト、ハイデッガーの教えを受けた。帰国後、法政大学教授となるが、1930年に治安維持法違反で投獄され、教職を失う。その後、著作活動に入るが、再び検挙され、敗戦を迎えたが釈放されず、獄死した。著書に『パスカルに於ける人間の研究』『人生論ノート』『哲学ノート』など。

擬制資本[10]（独 fiktives Kapital、英 fictitious capital）っていう概念があるんです。株式や土地などがこれにあたります。資本というのは本来運動しないといけません。しかし、株式は持っているだけで配当が、土地は地代が手に入る。そして利潤の増大につながっていくということです。全体として動いてる資本のシステムがあるんだけれども、擬制資本は別で静止しているんです。

現代資本主義では、マルクスが想定したより擬制資本が異常に発展している。今のアベノミクスに期待している人たちも現実資本と擬制資本の区別ができていない。クソのついた一万円でもクソのついてない一万円でも一万円札ということでは同じじゃないかという発想です。

斎藤　なるほど。考えてみればＡＫＢ商法も擬制資本に近いところがあるように思います。同一タイトル複数仕様のＣＤを売ったり、投票券や握手会の券をつけたり、菊地成孔[11]さんではありませんが、ＣＤがまるで株券のように機能させられている。

ＡＫＢの強みは『少年ジャンプ』的なものです。つまり、ヤンキーからオタクまで全部おさえる鵺《ぬえ》的な要素がぶち込まれていて、完全にまじり合わずに混在している状態。

48というのは、一クラスの人数に近いんです。今は、「スクールカースト[12]」

9—**田辺元**（たなべ・はじめ）1885〜1962年。東京生まれ。哲学者。京都帝国大学教授・西田幾多郎が自らの後継者として田辺を京大に招聘し、助教授として迎え入れた。科学哲学、数理哲学から出発し、観念弁証法と唯物弁証法を超えるため絶対弁証法を提唱。西田幾多郎の「西田哲学」に対して「田辺哲学」と称された。著書に『数理哲学研究』『種の論理の弁証法』『懺悔道としての哲学』『哲学入門』など。

10—**擬制資本**（ぎせいしほん）ドイツ語ではfiktives Kapital。架空資本ともいう。株式配当や地代など定期的な貨幣収入の背後に、収入を利子としてもたらす資本の存在を想定するもの。株式資本は擬制資本であり、株価至上主義の徹底は、資本に対して「儲かれば何を作り何を売ろうと構わない」という利己主義の徹底につながる。

11—**菊地成孔**（きくち・なるよし）1963年〜。千葉県生まれ。ミュージシャン。主にジャズで活躍するが、ジャンル越境的な活動を展開することでも知られる。音楽家としてのプロデビューは1984年、横須賀の米軍ベースに於けるフィフツ・ディメンションのバックバンドで登場。著書に『スペインの宇宙食』『CDは株券ではない』など。

と言われる階層によってクラスの中でキャラ文化が精緻になされています。AKBのシステムは、子どもたちに起きている現実そのものだと思うくらい、共感を呼び込む装置になっている。

佐藤　学校の話は、日常的に小中学生との付き合いがないので、すぐには気付かなかった視点ですね。私は、角田光代さんの『対岸の彼女』とか、綿矢りささんの『ひらいて』に非常に惹かれるんですが、それらの作品には学校の中での階層分けの世界が描かれてるんです。

斎藤　そうですね。そこに加えて、総選挙(13)が参入障壁をぐっと下げました。AKBはオタク男子のものと思われていたのが、ヤンキー男子も好きだったり、実は女子もすごく好きだということがわかってきたんです。女子人気のかなりの部分が総選挙人気。総選挙による足の引っ張り合いとか、嫉妬しあったりとかいう関係性消費ですね。男性オタクがキャラ消費だとすると、女性ファンは基本的に関係性を通じて、メンバーのキャラに惹かれていく構図があります。

　全方位を取り込める巧妙なシステムを秋元さんがおそらくは巧まずして作ったのがすごいところです。僕は正直、秋元さんにはあまり「計算」や「先見性」を感じなくて、ただ抜群の「運」と「勘」のよさを感じます。

12―**スクールカースト**　学校の生徒の間における人気の度合いを表す序列。

13―**AKB選抜総選挙**（えーけーびーせんばつそうせんきょ）AKB48のCDについている投票券などをもとに、メンバーの人気ランキングを実施。

佐藤　運も実力のうちということですね。

斎藤　そうです。まさに運も実力のうちにしてしまうような計算高さはあるにしても、厳密に全てを計算してるとは全然思えません。ある種天然の器を感じるところもあるわけです。

指導方針も非常にヤンキー的で家族的に密着しています。そういうところがないと人が惹かれないことがわかってるんでしょう。

『Ｖｏｉｃｅ』を書いた当時、柄谷行人[14]さんの『世界史の構造』という名著が出ていて「交換様式ＡＢＣＤ」の段階分類があったんです。そこからヒントを得て、アイドルの形態を考えていきました。クラスの女子に憧れるという一番素朴なレベルを「アイドル消費Ａ」とし、アイドル初期の時代にいた桜田淳子とかに対するプロダクションがアイドルとファンの関係を一方的に管理してなされる消費を「アイドル消費Ｂ」と考える。モーニング娘。やおニャン子クラブのように、プロダクションが管理をゆるめ、集団力動から自生してくるキャラを楽しむタイプは「アイドル消費Ｃ」に該当する。ＡＫＢはその先の「アイドル消費Ｄ」で、システマティックでありながら、握手会や総選挙のような、ファンがキャラ形成に関与しうるような互酬性がありり回帰してくる形態なんです。

14―柄谷行人（からたに・こうじん）1941年～。兵庫県生まれ。思想家、批評家。91年、日本の「湾岸戦争関与」に反対して、中上健次らと『文学者』の討論集会」アッピールを発表した。2000年、「国家と資本への対抗運動」組織として、NAM（New Associationist Movement）を立ち上げるも、03年に解散。東京電力福島第一原発事故以降、「アセンブリの自由」（集会の自由）を唱え、積極的に脱原発デモにも参加している。著書に『意識と自然　漱石試論』『マルクスその可能性の中心』『世界史の構造』など。

佐藤　柄谷さんが言うところの交換様式Ｘにつながる要素がＡＫＢにあるということですね。

斎藤　そんな感じですね。半分冗談で柄谷さんの交換様式を応用したんです。

佐藤　斎藤さんと柄谷さんの言説は本当にパラレルだと思います。

斎藤　ええ。『Ｖｏｉｃｅ』を書いた当時と比べて今のＡＫＢがどれだけ進歩してるのかっていうのは、なかなか難しい面もあるんですけど、基本構造はそんなに変わってないと言っていいでしょう。総選挙もあるし、握手会など「会いに行ける」構造も変わってません。

しかし、いくつかマイナス要素が出てきてます。たとえば、二〇一三年一月の峯岸みなみさんの丸坊主事件[15]。ああいうところで、思いがけずＡＫＢのヤンキー的体質や土着的な部分が露呈してしまいました。われわれはあの問題を、濱野さんや宇野さんをはじめＡＫＢ論者がどう論じるかを見守っていたわけですけど、今のところ有効な反撃が出ていないのがちょっと残念です。まさに構造的な問題ですから。

佐藤　これも今起きてる体罰問題や柔道の暴行問題とパラレルですよね。

斎藤　パラレルです。ああいう問題が出てくると、単なるＡＫＢアンチ以上

15―**峯岸みなみさんの丸坊主事件**（みねぎしみなみのまるぼうずじけん）２０１３年１月31日発売の『週刊文春』にて、ＡＫＢ48のメンバーである峯岸みなみと男性アーティストの交際が報道された。ＡＫＢには「恋愛禁止」という鉄則があり、まもなく、峯岸は独断で丸坊主になった。

にヤバいものが逆風として起こるんじゃないかと感じていて。それをどう擁護していくかが濱野さんや宇野さんの論客としての能力が問われる部分じゃないかなと思います。これ、意地悪に匂わせてるところもあるんですけど(笑)。

アベノミクスも宗教

佐藤 『前田敦子はキリストを超えた〈宗教〉としてのAKB48』(ちくま新書)での濱野さんの議論って、神学から見ると実に真っ当な議論なんです。これは大きな意味での神学です。

ニコライ・ベルジャーエフ[16]っていうロシアの宗教哲学者がいるんです。この人はロシアにマルクス主義を導入した人なんです。ところが、一九〇五年のロシア第一次革命で、ベルジャーエフは、マルクス主義がすべてのことを社会に還元して、人間を見ていないところに危険性を感じて、観念論に転向するんですよ。ベルジャーエフは晩年に『ロシア共産主義の歴史と意味』という本を書いた。レーニンはベルジャーエフについて、マルクスを評価して

16 ニコライ・ベルジャーエフ　1874〜1948年。ロシアの哲学者。マルクス主義者であったが、ロシア革命を経て転向し、反共産主義者となる。1922年、レーニンによって国外追放となる。著書に『ドストエフスキーの世界観』『ロシヤ思想史』など。

社会正義を唱えたりするような宗教系の奴は一番危ないと警戒して、一九二二年に追放します。

ベルジャーエフから見ると、人間は無宗教にはならない。「無神論を信じる」「唯物論を信じる」って形で何らかの宗教を作り出していて、人間は永遠に宗教っていうものから逃れられないんだっていう論を、ものすごく乱暴なエッセイ調で展開したんですね。これがイギリスでものすごい力を持って、イギリス人のロシア論を作るのに影響を与えたんです。

斎藤 そうですね。今のお話を聞いてて、ギルバート・ケイス・チェスタートン[17]の「人を正気たらしめてきたのは、何あろう神秘主義である」という有名な言葉を思い出しました。われわれもプチオカルト信者ではあるわけです。

佐藤 その通りだと思いますね。

斎藤 その都度何か超越的なものにすがって生きていくという点では、無宗教とは言い難いところがずいぶんあるでしょう。まさに日本は「空気を信じる」ところがあります。

佐藤 今のアベノミクスも一つの明らかな宗教ですね。

斎藤 美しい国とかアベノミクスも、アベノミクスの曖昧さへの信頼は、確かに宗教がかって

17―**ギルバート・ケイス・チェスタートン**
1874〜1936年。英国の作家。文芸、社会、政治、宗教、美術など多岐に渡る分野において、批評を展開。1922年、聖公会からカトリックに改宗した。著書に『正統とは何か』『人間と永遠』、推理小説「ブラウン神父」シリーズなど。

います。急に「瑞穂の国の資本主義」などと言い出すので妙だなと思って調べてみたら、そもそも安倍総理は「日本会議国会議員懇談会」の副会長や「神道政治連盟国会議員懇談会」の会長を務めていて、はっきり国家神道に傾斜していますね。靖国参拝の強行や、長谷川三千子の重用などの理由がよくわかりました。

佐藤　ＡＫＢという宗教は、ある意味で設計主義[18]、形式主義なんですけれども、今のところ比較的無害な宗教でしょう。

斎藤　濱野さんがこの本の中で「サリンを撒かないオウム（真理教）」を作るべきだと確信的に言ってます。しかし、私は無理だと思うんですね。あえて危険なことを言いますと、オウムはサリンを撒いたから、あれだけ〝魅力的〟なわけで、サリンを撒かないオウムは全然魅力がないのではないでしょうか。宗教的享楽というのはまさに危険な次元に踏み込んでるからあるわけです。キリスト教でも、病人の膿《うみ》を啜《すす》った聖女の話とか、いっぱい出てきます。アブジェクション（おぞましくも魅惑的なもの）の領域を含み込んだからこその魅力がまったくない宗教は、人々をどこまで惹きつけられるんでしょうか。

佐藤　私もまったく同じ意見です。私たちがキリスト教を理解するときは西

18―**設計主義**（せっけいしゅぎ）社会の欠陥を直すため、理想的な社会を設計し実現すべきとする考え。

側経由のキリスト教しか理解してない側面があります。プロテスタンティズムもカトリシズムも完全に西のキリスト教です。中世の神学では女性は基本的に疎外されてたんです。

斎藤　そうなんですか。カトリックには聖女がいっぱいいますし、偶像としてのマリア人気はキリスト以上かと思っていました。

佐藤　女性の神学者はいないわけです。平凡社から出ている『中世思想原典集成』という非常にいい神学者シリーズがあるんですが、女性の巻は一巻にまとめられていて「女性の神秘家」っていうカテゴリで括っちゃってるんですよ。西の神学者たちが確立したスコラ学と別のところの議論で、今の膿を啜る話とかが現れたんです。

それから、あとホモウシオス（同質）論争というのがあるんですが、イエス・キリストが真の神で、真の人であるという矛盾は、だんだん教祖であるイエスが神様に近くなっていっちゃうわけですよ。そうすると、クソもしないし、小便もしないということになります。いかにして人間の側に近づけていくかは、天才的な努力なんです。

だから、アイドルっていうのは偶像なんだけれども、ＡＫＢはアイドルにならないで、つねにそれを民衆の側に引き寄せていってます。要するに、キリスト教がどうしてイエス・キリストは真の神で真の人っていうことに固執するのかっていうと、われわれ人間はあまりにも罪に汚れているからです。キリストが神様に近付きすぎると、われわれは到達できなくなっちゃう。それゆえに救済への確信を失っちゃうんですよね。

そこは、カトリックの方がうまいんです。だから聖職者（神父）が重要になる。そして神父に頼めば神父がどんどん上までとりついでいってくれて、最後はローマ教皇にとりつぐ。ローマ教皇が天国のカギを持ってるから、イエス・キリストにとりついで、イエス・キリストが神様にとりついでくれるっていう「救い」の確実性があるんです。

プロテスタント、あるいは正教にはそれがないので、信者は、ものすごく不安なんですよ。正教的、プロテスタント的な土壌からすると、ＡＫＢはわかりやすい。「救い」を皮膚感覚で感じられなくなったら、必ず何らかの偶像を作ります。ですから、偶像崇拝としてのＡＫＢなんです。濱野さんは偶像崇拝の構造をものすごく上手に描いてると思うんですよ。

避けられた三位一体

斎藤　濱野さんは一九八〇年生まれの若手論客です。ちょっと前の論客だったら、「前田敦子はマルクスを超えた」とか、「前田敦子はラカン[19]を超えた」とかになったんじゃないでしょうか。あえてオリジン（起源）のキリスト教を持ってきています。

佐藤　昔、平岡正明[20]が『山口百恵は菩薩である』（講談社文庫）を書きました。ただ、このタイトルで言うと菩薩は超えてないんですよね。

斎藤　超えてない、イコールなんです。

佐藤　われわれ神学系から見ると超えちゃったら救済されないということになっちゃうんです。

斎藤　たぶんこれは下敷きになってるのはジョン・レノンの発言（「ビートルズはいまやキリストより有名だ」）ですよね。あれはずいぶん叩かれた訳ですけど。日本の場合はキリスト教の土壌がないから、叩くといっても冷笑ぐらいのレベルで留まりました。

大澤真幸さんと橋爪大三郎さんの『ふしぎなキリスト教』の中に書かれて

19｜**ジャック・ラカン**　1901〜81年。フランスの精神科医、哲学者。フロイト（1856〜1939年）の業績をソシュールの構造言語学に結びつけることによって、精神分析学に新しい思想的境地を開いた。構造主義の代表的理論家とされる。鏡像段階論は、1936年にラカンが提唱した概念で、自我の機能の成立を説明した。著書に『エクリ』『ディスクール』など。また斎藤環の著書に『生き延びるためのラカン』がある。

20｜**平岡正明**（ひらおか・まさあき）1941〜2009年。東京生まれ。評論家。1963年、『赤い風船あるいは牝狼の夜』を刊行し猥褻図画頒布容疑で指名手配される。翌年、現代思潮社から『韃靼人宣言』を刊行。70年代後半より文学・芸能の評論分野で活躍。93年、『浪曲的』で斎藤緑雨賞を受賞する。92〜94年まで「ハマ野毛」を編集・刊行、荻野アンナ・田中優子・種村季弘らが参加。また、横浜の「野毛大道芸」にプロデューサー的に参画した。

ましたけど、マルクス主義はキリスト教の構造を完全になぞってますよね。
佐藤　よりユダヤ教に近いかもしれません。
斎藤　そうなんですか。あと、ラカンの精神分析というのはヘーゲル経由でもろ三位一体概念(21)を直接輸入してますから、すごく構造的に似通っています。これにハマる人が多いというのはうなずけるところがありますね。なぜか南米に信者が多いのもわかる気がする。
構造が似ているというのであれば、若い論客だったら思想の方を持ってきてもいいようなものだったんですけれども、あえてオリジンであるところのキリスト教を持ってきました。不思議なことに濱野さんはこの本で三位一体という言葉を使っていません。
佐藤　避けてるんですね。濱野さんが面白いのは、学者として良心的だと思うんですよ。わからないことについては語らない。
斎藤　そうか（笑）。三位一体をＡＫＢに合わせると、秋元康が神になっちゃいますかね。前田敦子がキリストで、聖霊はＣＤや握手券になるんでしょうか。
佐藤　あるいは聖霊は貨幣かもしれません。
斎藤　ちょっと身も蓋もない構図になるので避けたのかもしれません。この

21｜**三位一体**（さんみいったい）父（神）と子（キリスト）と聖霊は一つの神が三つの姿となって現れたものという考え。三一（さんいつ）とも言う。

辺の構図が説得力のある形で書き込まれていればよかったんですけどね。

佐藤　経綸的三一（三位一体）論でやろうと思うんだったら、うまくモー娘。と結びつけることもできますから。モー娘。を洗礼者のヨハネの位置にすればいいわけです。

斎藤　でも、モー娘。を語っちゃったら、AKBの特異性がなくなっちゃいますよね。AKBを特権的なものにしたいという濱野さんの欲望は拡散してしまいます。誰かが、この本は前田敦子じゃなくても、長嶋茂雄でも同じじゃんと批判してましたけど、そうならないための何かが必要です。

佐藤　その何かは固有名詞だと思います。固有名詞は記号化になじまない。前田敦子っていう固有名詞だと思うんですよね。

斎藤　固有名詞……。

「私のことは嫌いでも……」の解釈

佐藤　月並みかもしれませんけど、利他性のところからの進め方は真っ当な神学的な議論です。「現代は誰もが『ゴルゴタの丘』に晒《さら》される」の箇所は

「みんな、罪人ですよ」ということです。濱野さんが主張する偶然性も、何があるかわからないことに対してどう備えるかは、キリスト教では非常に大きな意味を持ちます。

それから「アンチが生まれてスターが育つ」というところですが、AKBはアンチの数が多いんですよね。

斎藤　多いですよ。

佐藤　一二使徒の場合、アンチはイスカリオテのユダ[22]だけですよね。

斎藤　あまりな違いじゃないですか（笑）。

佐藤　濱野さんはある意味では吉本隆明[23]の『マチウ書試論[24]』の一点張りですが。

斎藤　そこがこの本の理論的バックボーンになってます。

佐藤　吉本さんの『マチウ書試論』もごく標準的な通俗化されたキリスト教解釈に基づいてますから。

斎藤　そこから来るアンチゆえのスター性を説いてますね。前田敦子の「私のことは嫌いでも、AKBのことは嫌いにならないでください」という言葉とイエスの「エリ・エリ・レマ・サバクタニ（父よ、なぜ私をお見捨てになったのですか）」を対応させてますけれども、これはアリですか？

22―**イスカリオテのユダ**　イエス・キリストの弟子の一人。イエスを裏切り、祭司長と群衆たちにイエスを引き渡した。なお、イエスはあらかじめユダの裏切りを見抜いており、処刑される前夜の「最後の晩餐」では、弟子たちの前でユダの裏切りを明らかにした。

23―**吉本隆明**（よしもと・たかあき）1924～2012年。東京生まれ。思想家。もともと文学に関心があり、戦後まもなく詩誌『荒地』に参加。勤め先の工場を組合運動で追われたたあとは、大学の恩師である遠山啓の紹介で特許事務所に勤めながら思索・評論活動を続けた。1960年代、高橋和巳や埴谷雄高らとともに特に全共闘世代に影響を与えた。文学や思想だけでなく、民俗学、宗教、サブカルチャーなど幅広い領域について言論を展開。著書に『擬制の終焉』『言語にとって美とは何か』『共同幻想論』など。

佐藤　これはまさにそうでしょう。
斎藤　そうですか。まさにそうですか。いやぁ、驚いた。そうなんだ。これが自己犠牲の言葉かどうかというところが一番引っかかるんですけどね。
佐藤　要するに、あっちゃんが一生懸命考えて考えたんじゃなくて、ふっと出てきた言葉だと思うんですよ。キリストの「エリ・エリ・レマ・サバクタニ」を訳したら「なんで、私を見捨てたの？　お父っちゃん」という感じなんです。イエスは神を「アバ」と呼んでますが「お父っちゃん」というニュアンスなんですよ。イエス・キリストの知性の水準というのは中のちょっと上ぐらいですから。
斎藤　（笑）。
佐藤　あんまり難しい言葉で語っていません。それぞれにフッと出てきた言葉と利他性とのつなぎ方は神学的にはごく普通の解釈だと思うんです。
斎藤　これは普通に考えていいと。
佐藤　普通に考えていい。見捨てられたんだけれども、それでも自分が引き受けるということです。僕が一番引っかかったのは、ハーバーマス(25)に対する理解です。濱野さんって人柄がいいんだなと思いましたね。
斎藤　そりゃそうですよ（笑）。そうでなければ、ここまで没入できないで

24―**『マチウ書試論』**（まちうしょしろん）1990年に吉本隆明が講談社から刊行した。「芸術的抵抗と挫折」「抒情の論理」という吉本の初期の作品から、ユダヤ教に対する原始キリスト教の憎悪のパトスと反逆の倫理を追求した作品。

25―**ユルゲン・ハーバーマス**　1929年〜。ドイツの哲学者。ハイデルベルク大学教授、フランクフルト大学教授、マックス・プランク研究所所長などを歴任。1960年代末のガダマーらとの解釈学論争、ルーマンとの社会システム論争が注目を浴びた。多方面にわたる社会的・政治的発言を通じて、ドイツ思想界をリードし、国際的にも大きな影響を与えてきた。代表作に『公共性の構造転換』『理論と実践』『コミュニケイション的行為の理論』など。

すよ！

佐藤　え？

斎藤　古いオタクだったら、こういうベタすぎる没入の仕方はしないです。必ず自虐とエクスキューズが入ります。

佐藤　なるほど。濱野さんはハーバーマスの悪質性に気づいてないんですよ。

斎藤　そういう意味で。

佐藤　ハーバーマスは、学級会みたいな形での討議的理性とかいうことを言っているんですが、彼自身はそういうことはヨーロッパのインテリ以外はできないと思ってるわけなんですよね。

二〇〇四年、ハーバーマスが京都賞を受賞する前に『コミュニケイション的行為の理論』が日本で翻訳されたとき、対話的理性があるコミュニケーションが通ずる世界は欧米しかないと思ったら、日本もそうだったという趣旨のことを言っている。ハーバーマスを訳してる連中はそこも読み込んでるわけですから。少しでもハーバーマスに触れている学者だったら、こういう文脈に気がつかない人はいないでしょう。

斎藤　日本人はまだ「人間」扱いされない（笑）。

佐藤　その点では濱野さんは非常に素直です。

斎藤　ラカンも「日本人は精神分析できない」とか言ってるわけですから。多くの欧米の批評家もそうですけど、「日本はほとんどプレモダンの地域で、こういった議論は内輪しか通用しない」って書いてるところがたぶんにありますよね。

佐藤　明らかにそうですよね。一六世紀、日本に来た宣教師が「日本語は異教徒の恐るべき野蛮な言語だから、文法において解析ができない」とか言ってるのと一緒です。

斎藤　そうですね。濱野さんはそのへんを抜きにしていろんな理論的な冒険をしようとしてるわけなんですが。

佐藤　でも、一つ言えることは、濱野さんは話者の誠実性という意味において問題はまったくありません。

斎藤　それはそう思いますね。そういう批評家としてのナイーヴィティが許容されるかどうかは別として。

佐藤　あんまりそういうことを言ってると、人を馬鹿にしてるのかと怒られちゃうかもしれません。でも今、自分が思ってることを正直に書く現代思想の人って、非常に少ないですから。

前田敦子は〝悪魔〟である!?

斎藤　佐藤さんはこの本に関しては、神学議論としては真っ当であると。

佐藤　きわめて真っ当です。

斎藤　専門の方からそう評価されたのはちょっと意外な感じがしたわけです。僕が一番マズいと思ったのは濱野さんがこの中でＡＫＢシステムがこれからどんどんリトル・キリストを生み出していくと書いているところです。

佐藤　たぶん生み出しません。

斎藤　キリストの複数性を言っちゃったら、キリスト教の構造が保たなくならないかという素朴な疑問があるんですけれども。

佐藤　そう思います。そうなると、カトリシズムに近付いていくと思うんですね。要するにキリストの代理人みたいな話になって、エージェントがたくさん出てきます。コピーとオリジナルが一緒だということになって、前田敦子の特権性がなくなっちゃいます。

斎藤　キルケゴール(26)じゃありませんが、単独性も普遍性も失われれば、宗教性も希薄化されてしまいますね。八百万の神でいいなら別ですが。

26　**セーレン・キルケゴール**　1813〜55年。デンマークの哲学者。ヘーゲル哲学の影響を受けるが、その思弁的合理主義に反対して主観主義の立場をとった。現代の実存哲学や弁証法神学に大きな影響を与えた。著書に『不安の概念』『死に至る病』など。

佐藤　世俗化されちゃいます。それはまさにキリスト教で禁止されている偶像なんですよ。だから、この本は神学の分野では悪魔論なんです。

斎藤　悪魔論ですか（笑）。

佐藤　こうやって悪魔はキリストの顔をして生まれてくるんだと。

斎藤　それ、ものすごい批判じゃないですか（笑）。「前田敦子は〝悪魔〟である」と、ひっくり返っちゃった。

佐藤　キリスト教の方から見るとそうなんですよ。人間の力によって、救済者を作り出していくわけですから、それは必ず悪魔なんですよね。でも、その悪魔、ニセ・キリストが現れるっていうのは、実は救済のサインなんです。ニセ・キリストが現れて、人々を惑わすことによってキリスト教が根付く環境ができるわけです。あと、千年王国説は絶対にやらない方がいいんです。

斎藤　千年王国？

佐藤　千年王国でキリストが雲に乗ってやってくるんだけれども、その千年王国はキリストが到来した後に来るのか、千年王国の後にキリストが到来するのかという論争があるんです。神学ではいくつか非常に危ないテーマがあるんですよ。私は非常に安全なテーマを選んでいて、なんでキリストは神になって、なんで神はキリストになったのか、人になったのかという受肉論[27]（incarnation）をずっとやっているんです。だから、目に見えないものがどうやって現実になるのかという回路に常に関心があるわけなんです。

斎藤　なるほど。それは面白いですね。私も偶像を否定しているのに、どうして聖遺物とか聖体拝領が信じられているのかが不可解でしたので。

佐藤　キリスト教というのは〝インチキ〟宗教ですからね。どんな状況になっても自分たちは正しいと持っていくことができるんですよ。神学者はこの種の命題をつくる天才集団ですから。

でも、アーネスト・ゲルナー[28]が『民族とナショナリズム』の中で面白いことを言ってるんです。キリスト教とマルクス主義はそのアンブレラの中でどんな概念でも取り入れることができる。ほとんど意味がない言葉だけど、何も規定しないよりはましだからキリスト教とかマルクス主義とかがあるんだということを言ってると、ゲルナーは考えます。

斎藤　確かに何でも入りそうであるし、原始仏教がそうであるように、キリスト教も突き詰めれば、もう宗教じゃなくなってしまうという議論もありますよね。

佐藤　やっぱりキリスト教って幅が広すぎるんですよ。

27 — **受肉論**（じゅにくろん）英語では「incarnation」。神が人の形を取るということ。この点がキリスト教を他宗教と際立って異なる宗教にしている。

28 — **アーネスト・ゲルナー**　1925〜95年。ユダヤ系の哲学者。パリで生まれた後、プラハに移る。1939年、英国に亡命。エジンバラ大学、ケンブリッジ大学などで教鞭を執った。著書に『イスラム社会』『民族とナショナリズム』など。

斎藤　はい。

佐藤　ただ、そこで何か伝えてるところはきっとあるんですけれども、そうすると、実念論に逃げるのが一番いい方法なんですよ。

斎藤　そうですか。

佐藤　要するに、「目に見えないけど確実にあるんだ」ということです。

斎藤　それが一応ベースですね。最終的には非合理性の確保みたいなところがあって、そういう力が僕は信仰の力だと思ってるところがあるんです。

濱野さんに関してちょっとベタかなと思ったのは、やや現世利益的な方にいってないかという懸念がちょっとあるんですよ。

佐藤　そう思います。

前田敦子＝マリア!?

斎藤　キリスト教におけるジェンダー、性の問題はけっこう重要だと思うんです。前田敦子とキリストの対比で前田敦子は女ですから、キリストはなぜ女じゃないのかという問題とかなり結びつくんじゃないでしょうか。

佐藤 そうですね。最近のフェミニズム神学では実はキリストは女だったんじゃないかという議論が出てきます。

斎藤 それはどうなんでしょう。

佐藤 無理です。

斎藤 無理ですよね。

佐藤 キリストは非常に男性的ですし、「父なる神」っていう表象を使うわけで非常に父権的ですよね。それを補完するために聖母信仰が出てくる。

斎藤 マリアがいて、キリストがいる。

佐藤 それで、プロテスタンティズムを除いては、だんだんマリアの比重が高くなってくるんですよ。

斎藤 そうですよね。でもマリアって、「キリストの母」以外の意味って実はないような……。

佐藤 神学の場合「キリストの母（クリストトコス）」と言うと異端になるので「神の母（テオトコス）」と言います。ところで、一九世紀のカトリックの理解だと、人は死んで黄泉の国と一緒に寝てるわけです。最後の審判でふるいわけられるから、基本的に煉獄にいるんです。ところが、面倒くさい問題が出てきたんですよ。聖母マリアには罪がありません。罪がないとダイレクトに天国に行くんじゃないだろうかという議論があって。これは四世紀から出てきた議論ですが、一六〇〇年ほど議論していて、一九世紀の第一バチカン公会議でマリアを昇天させちゃったんですよ。

だから、マリアはもう天国に入って、天国にはキリストとマリアの二人しかいません。それで、急にマリアの株が上昇しちゃって、カトリック教会ではマリアとキリストはほとんど同じになっちゃうんです。そういう意味では、マリアはキリストを超えてるんですよ。

斎藤　そうですよね。

佐藤　だから、前田敦子はキリストを超えてるんで、マリアとは比較的イコールかもしれない。

斎藤　じゃあ、そういう風にして言う台詞だったかもしれないですね。

佐藤　ただ、非常にその意味においてはカトリック的です。

斎藤　東方の教会でもマリア信仰みたいなものはありますよね？

佐藤　あるんだけれども、ちょっと違うんです。むしろマリアは原罪からまぬがれてないんだっていう民間伝承が多いんですよ。

斎藤　そうなんですか。

佐藤　たとえば、ロシアでは「聖母マリアの地獄めぐり」っていう話があるんですね。

斎藤　地獄に行っちゃうんですか（笑）。

佐藤　聖母マリアは自分の息子が殺されるわけだから、とんでもない怨みを抱く。その怨みを抱いたから地獄に落ちるんですね。地獄に落ちて、いろんな異教の神々を信じてる奴らが酷い目に遭ってるのをずーっと地獄から見て歩くっていう話があるんです。

濱野さんがどういう勉強をされてきたかよくわからないんだけれども、彼の中に刷り込まれてるカトリック的なものが無意識のうちに援用されてますよね。

西洋社会との壁

斎藤　この本が構造的に評価できる部分を教えてください。

佐藤　頭の入り口の着想のところですね。あと、彼がこれを書いていく中で、かなり乗り移ってる感じが。

斎藤　ありますよね。特に後半の盛り上がりがすごいですよね。

佐藤　これ、明らかに夜書いてる本ですね。

斎藤　あはははは（笑）。

佐藤　ディートリッヒ・ボンヘッファー[29]っていう、ナチスに抵抗して殺された有名な神学者がいるんです。東ドイツに残ったボンヘッファー門下のシェーンヘルっていう神学者が、ボンヘッファーについて書いてる本があるんですけど、こういう忠告を聞いたそうです。「説教は昼の下で書け。夜は悪魔の支配する時間だ」。

斎藤　それ、かなり根源的な批判に聞こえますけど（笑）。

佐藤　夜書くとものすごいものができあがるからダメだということですね。

斎藤　面白いですよねー。いや、これは本気で書いているんでしょうが。

　ＡＫＢの評価は必要ですが、それを突き抜けて「宗教」「キリスト超え」、むしろ「ＡＫＢで世界戦略」みたいな話になってくると、そこはちょっと見えてないんじゃないかという気がしないでもありません。

佐藤　ＡＫＢが世界宗教になって出ていこうとしても宗教が間に合ってるところには浸透しないでしょう。

斎藤　アジア圏内ではキャラ文化[30]が浸透しやすい土壌がありますけれども、西欧圏での需要はかなり難しいんじゃないでしょうか。

29―**ディートリッヒ・ボンヘッファー**　１９０６〜１９４５年。ドイツの神学者。第二次世界大戦中、ヒトラー暗殺計画に加担。ドイツ降伏直前にフロッセンビュルク強制収容所で処刑された。著書に『現代信仰問答』『主に従う』など。

30―**キャラ文化**（きゃらぶんか）さまざまなキャラクターが日常生活に溶け込んでいる状態。キャラの定義については斎藤環著『キャラクター精神分析』が詳しい。

佐藤　西洋社会にもキャラ文化がありますが、ある線超えられないところがアイツらにはある。それぐらいユダヤ教、キリスト教の刷り込みが強いんでしょうね。

斎藤　おそらくその一線が許容できないんですね。セクシュアルマイノリティへの差別も基本は宗教ですから、タブー意識は根強い。

佐藤　それが皮膚感覚なんです。濱野さんはヨーロッパに住んだことがないんでしょうね。

斎藤　もちろんないでしょう。

佐藤　じゃあ、半年ぐらいヨーロッパに住んでみるのがいいかもしれません。

斎藤　そう思います。

佐藤　そうすると皮膚感覚でわかりますから。

斎藤　超えられない壁が絶対あることに気づくはずなんですよ。

アニメの浸透度を見ればわかりますが、日本のアニメが浸透できるのはアジアまでです。アメリカでも受容されてますけれども、オタクと呼ばれる層、向こうのギーク（geek）・ナード（nerd）と呼ばれる層が限界です。

佐藤　ロシアよりも西にいくほど浸透しなくなりますよね。

斎藤　そうですね。変わり者が好きなフランス人だったら、少し評価してくれるかもしれません。まあイタリアも日本に若干近いところがなくはないのでその辺に限られます。

死生観はどこに

佐藤　濱野さんは「前田敦子はキリストを超えた」と言いながら、キリスト教的な要素においては、前田敦子がある種の救済の担保になってるんです。

斎藤　そこが大事な部分だと思うんですけど、ＡＫＢがはたしてそこまでの救済力を持ちうるかどうかということなんですよ。

佐藤　ＡＫＢを超える救済力を持つものが出てくるまでは持つと思うんですよ。

斎藤　(笑)。

佐藤　少なくともＡＫＢ信者たちの間では。

斎藤　今の信者が苦難に出遭ったとき、ＡＫＢがはたしてそこまでの救済力を持ちうるかどうかという点で疑問があるんです。

佐藤　その通りですね。でも、それは民青同盟[31]（日本民主青年同盟）と一緒だと思うんです。

斎藤　（笑）。

佐藤　ある時代においては民青同盟に入って、一緒に踊って歌って、アメリカ帝国主義と、その独占資本によって支配されている日本を変えていくっていうのは救いだったんです。民青に救いがないと思った人は新左翼に行ったりもしましたけど、やっぱり救いがなかったから、雲散霧消しちゃったわけですよね。

斎藤　民青もそうですし、マルクス主義者もそうですね。

佐藤　だいたいAKB信者になるハードルって、民青と同じくらいだと思うんです。

斎藤　ちょっとハードル高すぎませんか（笑）。

佐藤　革マル派[32]とか、中核派[33]に入るとなったら、ハードルが相当高いでしょう。民青だとそーっと入ってそーっと出るくらいのことはできる。

斎藤　そういう比較でいうと確かにそうかもしれません。革マル派はももク[34]ロにあたるんですかね。

佐藤　革マル派ということになると、相当濃いですから、簡単には抜けられ

31―**日本民主青年同盟**（にほんみんしゅせいねんどうめい）日本共産党系の青年組織。前身は1923年に設立された日本共産青年同盟。戦後は日本青年共産同盟となり、日本民主青年同盟へと改称した。

32―**革マル派**（かくまるは）正式名称は日本革命的共産主義者同盟革命的マルクス主義派。新左翼の党派。1963年2月、革共同（革命的共産主義者同盟）の第三次分裂により組織された。残った対抗メンバーが中核派を結成。「帝国主義打倒、スターリン主義打倒」を掲げる。理論的指導者に黒田寛一（1927〜2006年）がいた。

ないアイドルの追っかけみたいな感じになってきます。

斎藤　ＡＫＢファンの中でも、在宅もあれば追っかけもありますから。行動を伴うかどうかという点ではいろいろ分類はできるかもしれません。その中でＡＫＢが何を内在化してるかっていうところですよね。

佐藤　最終的には救済の問題って死の問題と裏表だと思うんです。

斎藤　そう思います。まさに濱野さんもそこに触れてなかったと反省してるわけですけど、死生観がＡＫＢから得られるかって言ったら、さすがにそれはないです。

佐藤　五〇年後にもしＡＫＢがあるとしたら、七〇歳のメンバーはなかなかセンターになりにくいと思うんです。新陳代謝してシステムとして永遠に生きるということになると、不死のシステムになるので、貨幣と一体化しちゃいますよね。

斎藤　そうなっちゃうと……。

佐藤　たぶん救済は出てこないんです。その一番難しい問題をかわしたところが濱野さんの話者としての誠実性なんですよね。

斎藤　誠実性と見るかごまかしと見るかですね。しかし「魂の救済」を扱えず現世利益止まりなら、ライバルはむしろ神道じゃないでしょうか。前田敦

33―**中核派**（ちゅうかくは）正式名称は革命的共産主義者同盟全国委員会。新左翼の党派。革マル派と分裂して組織され、革マル派と内ゲバを繰り広げた。創始者は本多延嘉（1934～75年）。機関誌『前進』を発行。革マル派と中核派の関係は立花隆著『中核vs革マル』に詳しい。

34―**ももクロ**　ももいろクローバーZの略。大手芸能事務所スターダストプロモーションに所属する百田夏菜子、玉井詩織、佐々木彩夏、有安杏果、高城れにの5人によるガールズユニット。次世代の新人プロジェクトとして2008年に結成された。12年にはNHK紅白歌合戦に初出場した。

子はイザナミを……じゃ弱いからアマテラスを超えた、とか。

佐藤 宮台[35]（真司）さんだったら、ありとあらゆる知恵を働かせて理屈をつけたと思うんです。

斎藤 （笑）。

佐藤 インテリであるからには、どうにかして理屈をつけないといけないという強迫観念があるんですよね。インテリとはちょっと異なるけれど、理屈づけにこだわるのが、小林よしのりさんですよ。

斎藤 小林さんは確かに強いですね。

佐藤 無茶苦茶です。論理的整合性がないことに対して何の矛盾も感じないという人ですから。それを本人は理屈だと信じている。

斎藤 彼の漫画を貶める意図はまったくないですけれども、漫画という話法を用いた時点で、何でも混ぜこぜに取り込める非常に力強いポジションにいると思います。

佐藤 小林さん、何か私のことあんまり好きじゃないみたいで。

斎藤 まあ、仲良くしている姿はちょっと目に浮かびませんけれども（笑）。

佐藤 大げんかしたんです。

斎藤 そうですか。

35─**宮台真司**（みやだい・しんじ）1959年〜。宮城県生まれ。社会学者、首都大学東京教授。東京大学で廣松渉や見田宗介らに師事した。1993年から援助交際やオウム真理教などを論じて注目を浴びる。著書に『制服少女たちの選択』『終わりなき日常を生きろ』『14歳からの社会学』など。

佐藤　「あなたとの間に諍《いさか》いはあっても論争はない」というのが私の意見で。小林さんから論点も提示されてないので議論はできないと言ったんですが、小林さんからは「オウム真理教以来の酷い奴だ」と言われて。彼は面白いんですよ。私から「来い！」ってやると逃げちゃう。こっちが逃げると追いかけてくるというのが行動パターンです。

斎藤　（笑）。

佐藤　ですから、彼が一方的に勝利宣言できないで逃げた、数少ない諍いだと思うんです。

斎藤　一時は対立していた福田和也ともその後対談したり、宮崎哲弥や西部邁とも対立したり和解したりと、あんがいガチガチの党派性に行かないタイプかと思ったんですが。

佐藤　私は『週刊ＳＰＡ！』を舞台に、「大林わるのり」って奴を登場させて、彼がいろんな相談をするっていう「インテリジェンス人生相談」の番外編を書いたんです。論争になるようにあえて二回ほどやったんです。小林さんは相当応えたみたいでしたが、ああいう人はやっぱり無敵の論客なんですよ。

斎藤　いざとなったら逃げればいいということなら、確かにもう敵はありません。

佐藤　ええ、生き残るための才能です。

斎藤　もしかすると、濱野さんの本はその小林よしのり型になっちゃいます。

佐藤　そうですね。濱野さんもこの先大変ですよね。

斎藤　他人事ながら心配です。

佐藤　ＡＫＢというテーマで続けていくとなると、積み残してる「生か死か」っていう問題を今後扱わなくちゃいけません。戦争で言うと、ガダルカナル戦に入っていきますから。

斎藤　あとで「ちょっとこれはシャレでした」を言わない以上はなかなか厳しいですよね。今でも師匠に弟子から外されたりとかいろいろ苦労してるようですから。

佐藤　その師匠も意地が悪いですね。

斎藤　まあ東浩紀[36]さんなんですがね。

佐藤　これぐらいのことは許容してもいいんじゃないでしょうか。

斎藤　東さんはＡＫＢにまったく関心がないので、小バカにしちゃってるわけです。そこに宇野常寛さんとの対立が絡んだりとかして非常にややこしい

36―**東浩紀**（あずま・ひろき）1971年〜。東京都生まれ。批評家・小説家。『思想地図β』などを発行するゲンロン代表取締役社長兼編集長、ゲンロンカフェオーナー。1998年、ジャック・デリダを論じた『存在論的、郵便的』でデビュー。著書に『動物化するポストモダン』『クォンタム・ファミリーズ』『一般意志2・0』など。

ことになってますけれども。もっとも、東さんもエヴァンゲリオンに熱中して浅田彰(37)に引かれたりしてた経緯があったので、歴史は繰り返すというか。

この話はどうでもいいっちゃ、どうでもいいんですが、死生観から逃げたら、そもそも宗教といっていいのかという疑問がついてまわりますね。

AKBと天皇制

佐藤 あと「AKBシステム」って天皇とぶつかりませんか？

斎藤 この本の中にも天皇の表現は出てきますね。

佐藤 ええ。

斎藤 ある種の「空虚」の中心的な位置づけで出てきますけど、本当にこういう論理でいいのかと思います。天皇制とキリスト教の構図が近いということになっちゃいますよね？　本当にそうなんでしょうか。

佐藤 いや、僕は違うと思うんです。けっきょくAKBは天皇とぶつからない。

斎藤 天皇は血統じゃないですか。Y染色体じゃないですか（笑）。

37―**浅田彰**（あさだ・あきら）1957年〜。兵庫県生まれ。批評家。京都造形芸術大学大学院教授。26歳のときに出版した『構造と力』がベストセラーとなり、「AA（浅田彰）現象」を巻き起こした。80年代のニュー・アカデミズムの代表的な一人。著書に『構造と力 記号論を超えて』『20世紀文化の臨界』など。

佐藤　目に見えないところを信じるところでは共通ですけれども、構図は全然違うと思うんです。

斎藤　本当にそう思います。さっき触れたリトル・キリストを生んじゃったらキリスト教じゃなくなるのと同じですよ。むしろ『日本神話』に近いのかなと思ったり。『日本神話』ではそれこそ丸山眞男[38]の「つぎつぎとなりゆくいきほひ」で無数の神が生成しますよね。そういえば神道は教祖も教義もない中空構造ですから、同じく「空虚な中心」の天皇制に親和性が高いですし、やっぱりＡＫＢを宗教に例えるなら、神道じゃないですかね。

佐藤　ＡＫＢシステムは内在的超越みたいな感じですよね。濱野さんにどうしてキリスト教を選ぶんだって聞いたら、「それはそうなってるから、そうなってるんだ」と返ってくるかもしれません。この無理論が必ず出てきます。

斎藤　彼は自分で「伝道師だ」と言ってるじゃないですか。でも伝道師が「ただ、信じるよ」と言っちゃったらマズいと思うんですよ。

佐藤　それから伝道師っていうのは召命に対する自覚が先行してないといけません。召命っていうのはある日突然振ってきますから、人間的な努力によっては到達できないわけです。

38―**丸山眞男**（まるやま・まさお）１９１４〜96年。大阪府生まれ。東京大学教授（政治学・政治思想史）。その学問は「丸山政治学」と呼ばれ、影響力を持った。著書に『現代政治の思想と行動』『日本の思想』など。

斎藤　そうですね。

佐藤　そうじゃないとニセ伝道師になっちゃうんですよ。

斎藤　(笑)。

佐藤　だから、取り組み方を知らないと伝道師をやったらいけませんね。

ＡＫＢって、触ると何かすごく大変な世界に入っていく感じがするんです。一つは、リアルな状況でテロリズムを生み出すかもしれない、ということ。

斎藤　そうなると濱野さんの預言がまた外れてしまいますね。サリンを撒かない平和なキリストですから。

佐藤　誰をセンターにするかで煮つまってきた場合、「この子を排除すれば、この子がセンターになるんじゃないか」という方向に行く可能性がありうるかどうかです。

斎藤　そこで濱野さんは利他性を強調するわけですよ。あれを利他性と言っていいのかどうか大変疑問があるんですけれども。

佐藤　利他性を理論化するときに重要なのは「使徒言行録」(『新訳聖書』)です。そこにパウロがエフェソ長老たちに別れを告げる大演説が収められてるんですね。「使徒言行録」の第二〇章第三五節にこういうところがあるんです。「あなたがたもこのように働いて弱い者を助けるように、また、主イエスご自身が『受けるよりは与える方が幸いである』と言われた言葉を思い出すようにと、わたしはいつも身をもって示してきました」と。この「受けるよりは与える方が幸いである」っていうキーワードがキリスト教の中では本当に何十万回も反復されてます。神学者は自分たちの神学をこのように捉えてるんですね。

　要するに、信仰は決断ではなく伝染であるということです。この伝染が、「受けるよりは与える方が幸いである」です。与えるという行為によってしか伝染しないんです。

斎藤　濱野さんの著書の中で何度か「利他性が感染する」という言い方をしてます。

佐藤　これはもともと宮台さんがけっこう言ってたことですよね。

斎藤　濱野さんも宮台さんの表現の引用だと書いてますけれどもね。

佐藤　でも、宮台さんはルーマンの『信頼』を読み込んだ上での発言です。キリスト教の概念が彼の中にちゃんと入ってるんですね。

丸坊主事件と巨人の星

斎藤　峯岸みなみさんの丸坊主事件というのは、真っ先に誰よりも自分自身でひどく処罰を与えて、ファンですらドン引きするようなことをやってしまったわけです。ＡＫＢの組織のありようが健全な方に向かってるのかどうかという懸念を持ちます。

佐藤　それをもう少し煮詰めていくと「死んでお詫びを」という世界になってくるわけですよね。

斎藤　なってきます、なってきます。次は根性焼きになるんじゃないかとか、リストカットして見せつけるんじゃないかとか、いろいろ嫌な予感があります。私は「自傷的謝罪」と呼んでますけれども。マゾヒスティックバイオレンスというか、人を不快にするほどの攻撃性をまず自身に向けるという意味では、切腹や土下座に連なるような土着的風習でしょう。これがさらに集団土下座みたいなパフォーマンスに発展したらどうしよう、という感じです。秋元康が持ってるヤンキー体質が、衣の下の鎧じゃないですけど、ちょっとずつ見えてきた印象があります。

佐藤　その衣の下に鎧が見えてくると、逆に商品として流通しなくなってくるわけですよね。

斎藤　この事件はけっこうインパクトが大きかったと思います。ＡＫＢの体質を象徴する事件として全国に知れ渡りましたから。ウソか真《まこと》かわかりませんけれども、秋元さん自身も「困惑している」と語ってました。また同じような事件が起きたらＡＫＢはいっぺんにつぶれてしまう可能性もある。

佐藤　丸坊主の世界っていうのは『巨人の星』の世界ですからね。

斎藤　私は牟田口廉也(39)の亡霊って言ってますけど、第二次大戦当時に噴き出してきた精神論の亡霊という印象です。

佐藤　インパール作戦ですね。

斎藤　そうです。

佐藤　鉄砲を上に向けて三発撃てば、敵は撃ってこないという、あの話ですね。

斎藤　足をなくしたら腕で這っていけ、腕をなくしたら顎で這っていけ、という世界です。

佐藤　『巨人の星』をどう見ます？　私は役所で「『巨人の星』が好きだ」という上司は要注意だと判断してました。

39—**牟田口廉也**（むたぐち・れんや）１８８８～１９６６年。佐賀県生まれ。日本の軍人。１９３７年、盧溝橋事件では、現地にいた支那駐屯歩兵第一連隊の連隊長だった。41年、太平洋戦争が勃発すると、マレー作戦やシンガポールの攻略戦の指揮を執った。44年、インパール作戦を実施し、補給無視の無謀な用兵で、約５万人の兵を失った。

斎藤　それはものすごい要注意でしょう（笑）。

佐藤　飲みの席でさりげなく聞くんです。『巨人の星』が好きだということは相当バランス感覚が崩れているし、無理なことを言ってくる。今までその見立てで間違ったことはないですね。

斎藤　『巨人の星』が放送された当時、日本社会に根性論が設計されて今に至るという構図は恐ろしいものがあります。兎跳びとか、運動中に水を飲むなとか、非合理的なものはさすがに淘汰されましたが、体罰として残ってます。けれども、桜宮高校の事件[40]にしても、バッシングが起きたら、すぐ桜宮応援団とかが作られてしまって、「体罰を認めろ」と保護者が言ってるわけですから。この構図はずっと反復されている。

佐藤　強い軍隊と残虐な軍隊の区別がついてません。『戦争と人間』（五味川純平著）で書かれる状態は、弱くなってからですから。日露戦争のときにはそういうようなことはしてません。

斎藤　新兵いじめなどは第二次大戦以降に全面化しました。戦前はもともと禁止されています。

佐藤　そうです。『巨人の星』の兄弟姉妹である『アタックNO．1』もひどいですよね。今はHulu[41]で観ることができますし、本も復刻しています。

40―**桜宮高校の事件**　２０１２年12月22日、大阪市立桜宮高等学校のバスケットボール部の顧問を務めていた男性教諭（当時47歳）が同部キャプテンの男性生徒（当時２年生）に体罰を与え、翌日にその生徒が自殺した事件。

41―**Ｈｕｌｕ**（ふーるー）月額定額で国内外のテレビ番組や映画などが見放題のオンライン動画配信サービス。

ただ、現在の人権感覚からして通用する内容かというと、相当難しいと思います。

斎藤　せいぜいノスタルジックに読まれる程度です。ただ、『巨人の星』はインド版ができて、人気があるとか何とか（笑）。

佐藤　あれも宗教ですよね。当時の『巨人の星』はＡＫＢ以上に広がりを持っていたのではないでしょうか。

斎藤　持っていたでしょう。『巨人の星』を根性論云々で叩く人はいたかもしれませんが、ＡＫＢほどの叩かれ方はしていなかったでしょうね。

根性論の流れでいうと、ＡＫＢファンの「一生懸命さに惹かれる」的な言い方にも、通じるものを感じます。

佐藤　そうすると、ルース・ベネディクト[42]の『菊と刀』（光文社古典新訳文庫）になってくるわけですよね。日本人というのは倫理的価値観がないと。

斎藤　まさに反知性主義と一体化した、根性論とか、ヤンキー的な論理になってしまうわけですよ。論理にならざる論理です。

佐藤　論理にならざる論理っていうのは強いです。腕力を持ったりすると強いですからね。

斎藤　宗教として読み替える行為の意味はそのへんにあるのかなと思ってる

42―**ルース・ベネディクト**　1887～1948年。米国の文化人類学者。生後間もなくはしかのために片耳の聴力を失う。1930年代までアン・シングルトンのペンネームで詩文を書いていた。コロンビア大学の准教授を経て、43年戦時情報局に勤務。戦時中の調査結果をもとに46年に『菊と刀』を出版した。

んですけど。

佐藤　暴力を内在化させるということですね。

斎藤　濱野さんはＡＫＢが構造としては宗教と近いものがあると言いながらも、最終的には一生懸命さの擁護みたいになってしまうところがあります。懸命さや切実さはたしかに魅力的なものですが、擁護ということならそれだけでは不十分ですね。それは要するに「強度」の擁護なので、そこにＡＫＢのセクシュアリティも暴力性も、あるいはヤンキー性も全部内包されている。そこを見据えた上で、もう少し「その先」が言えなかったのかなと思います。

どうもＡＫＢファンの論客は、秋元さんに関しては戦後を代表する知性みたいな言い方になりがちで、批判はタブーという雰囲気がある。ひいきの引き倒しも甚だしい、と異議申し立てをしておきます。

佐藤　二〇一二年九月に『週刊新潮』が「『秋元康』研究」と題して、「人形遣いの錬金術」など批判的な連載記事を展開しましたが、広がりを持たなかったですよね。

斎藤　批評する側の心情的なものが絡みすぎてしまうことが大きいのではないかと思います。

佐藤　ということは、日本の批評というのは基本的にやはり印象批評だということなんでしょうね。

斎藤　でしょうね。ほとんど私怨から発しているものが多いんじゃないでしょうか（笑）。

佐藤　秋元さんはあんまり物事を深く考えていないところが反知性主義的ですよね。ただ、反知性主義は安倍政権の主流の地位を占めてると思うんですよ。

斎藤　完全にそうですよ（笑）。

佐藤　それから小泉進次郎人気もそうですよね。

斎藤　そう思います。

佐藤　毛沢東が書物主義に反対する中で「書物を読めば読むほど人間は悪くなる」と言ったんですけれども、その意味において、文化大革命のときと同じような雰囲気があるのかなと。

斎藤　なるほど、そこまでいきますか。

佐藤　あんまり余計なこと言ってると、これまた文革のときみたく、三角帽でも被せられるとイヤだから黙ってるんですけど。

日本の「知性」はガラパゴス化!?

佐藤　日本の場合、本当にある意味で、言説の水準がものすごく怖いところにあるんです。論壇と実際の実務をやってる世界にいる人はほとんど交わらないですから。

斎藤　そうですね。

佐藤　たとえば、今、外交戦略で一番の戦略家と言われている内閣官房副長官補の兼原信克《かねはらのぶかつ》さんという人がいるんです。私は個人的に知っているんですが、人柄はよくて、いわゆる日本版ネオコンみたいに世界を捉えていて、安倍政権の外交の背骨を作ってる人です。この人が日本経済新聞出版社から二〇一一年に『戦略外交原論』という本を出してるんですよ。その本を読んでびっくりしたんですけど、名誉革命の後にマグナ＝カルタができたって書いてあるんです。マグナ＝カルタ[43]は一二一五年で、名誉革命が一六八八～八九年ですから、これは明治維新の後に御成敗式目が制定されたと言ってるのと一緒ですよね。

斎藤　（笑）。

43―**マグナ＝カルタ**　日本語では「大憲章」。1215年、イングランド王ジョンが封建貴族たちに強制されて、調印した文書。前文と63条から成る。国王の徴税権の制限、法による支配などを明文化した。のちに国王の専制から国民の権利と自由を守るための典拠として取り上げられた。

佐藤　それ以外にも「宗教改革はイタリアから始まった」って書いてある。さらに「一五世紀には『スフ』が火あぶりになった」と書いてあったので、「スフ」って誰だろうなって最初気づかなかったんですが、「フス」(44)の間違いじゃないかと気づいたんです。これは誤植かもしれないけれども。しかし、イタリアから宗教改革が始まったっていうのは、よく言えば独自研究。

斎藤　ちょっと！（笑）。

佐藤　要するに珍説ですよね。挙証責任はあります。そういう人が日本の外交戦略を作ってるわけですよ。

斎藤　いやー、反知性主義極まれりですね。まいったなぁ。僕がシャレで言ったことがマジになってる。

佐藤　しかも、それは早稲田大学の講義録だというんです。

斎藤　（笑）。ネットで検索ぐらいしろ！　と言いたい。

佐藤　日本経済新聞出版ですから、校閲かかってないのかと思うんですね。

斎藤　それは明らかに校閲が悪い（笑）。

佐藤　「スフ」はダメですよ。

斎藤　片山さつきが天賦人権説を否定した時点で相当ヤバいとは思っていましたけれども、そこまでですか。いやー、日本ではこれから海外向けに翻訳

44―**ヤン・フス**　1370頃〜1415年。ボヘミア生まれ。宗教改革者。プラハ大学学長。ウィクリフの影響を受けて当時、贖宥状を売って儲けるなど腐敗していたローマ教会を批判。1414年のコンスタンツ公会議の結果、異端とされ焚刑に処せられた。プロテスタント運動の先駆者。

できない本がいっぱい出てくるんじゃないかという懸念が（笑）。こういうことを言ったらいっぱい批判が来そうですが。

佐藤　でも、そういう意味では閉鎖系の中で一つの発展を遂げてるんで、素晴らしいガラパゴスかもしれません。

斎藤　特に震災後、ガラパゴス的なバックラッシュが進んでる気配がします。

佐藤　となると、濱野さんが書いたこんな難しい話っていうのは、霞ヶ関官僚とか政治家は理解できないですよ。

斎藤　これ、難しい話なの!?（笑）

佐藤　相当レベルの高い話です。

斎藤　ＡＫＢの名を借りた社会学入門みたいな本だと思えば、よくできてるとは思いますけど。

佐藤　濱野さんは濱野さんなりに一生懸命考えてるわけですよ。自分の救済も含めて。やっぱり彼は東さんの影響をどこかで受けてるんでしょう。

斎藤　どこかどころか弟子ですよ、弟子！

佐藤　世の中を変えたいっていう気持ちがあるんですね。

斎藤　そうですね。ただ彼はもともとは情報アーキテクチャの人だから、アーキテクチャの設計を変えれば自動的に社会が変わると言ってたんです。ＡＫＢも確かにアーキテクチャに違いありません。けれど、それまでのソーシャルネットワーキング的な論から、ＡＫＢに行ってしまうのは、ちょっと先祖返り的な後退を感じざるを得ないところが残念ながらあるんです。アイドル消費の形態としては、最新のものだと思いますけれどもね。ＡＫＢが社会に全面化して、選挙もＡＫＢ総選挙のようにやるという話になっちゃうのは、ちょっと違う。

佐藤　金権選挙、制限選挙になってくるわけですよ。

斎藤　露骨になっちゃいますよね。そこをどう強弁するかと思ったら、あっさり流しちゃってる感じがするんです。

ＡＫＢ大東亜共栄圏

斎藤　そもそもＡＫＢ自体がそう長く持つとは思えないところがあって。システムとしてはよくできてますけど、ジャニーズのように複数立ち上げないと、継続性がないと思うんですよね。それこそ、関ジャニとか、Sexy Zone

とか、どんどん作っていかないと。

佐藤　SKEやNMB48やHKT48はAKBのエピゴーネン（模倣）にもなってないですよね。

斎藤　みんなAKBのコピーじゃないですか。あれでどこまでやっていけるのかな、という疑問が正直ないわけではありません。ジャニーズのうまいところは、それぞれのグループに多様性を作り出して、それぞれにこだわったファンがつくんですね。

　AKBというのは、ある意味舞台裏を全部見せちゃった形ですから、アイドル商品として今後どうなっていくのかは大変興味深いです。これ以上高度なことやっていくと、周りはついていけなくなると思うんですよ。余計にいじるのが難しい感じです。前田敦子自体の人気も、AKBから離れて維持できるかどうかですよね。それは難しいと僕は思っていて。ジャニーズでも数少ない成功例を除くと、事務所を離れると人気は凋落していきます。

佐藤　グループの中の再帰に意味があるということですね。

斎藤　そういうことです。

佐藤　種の論理[45]で、種というものがないとダメだと。

斎藤　種から離れて、個体としてサバイブできるかどうか。

45―**種の論理**（しゅのろんり）集団と個人の関係における「類」「種」「個」という概念を用いた社会行動の論理。

佐藤　僕は日本資本主義論争を思い出すんですよ。要するに、講座派(46)の人たちが言ってる絶対主義天皇制という発想です。いくら資本主義が発展しても、われわれはこの日本独特のシステムから逃れることができないんだということです。だから、講座派は転向した場合、だいたい天皇主義者になっちゃうわけなんですよね。日本的経営論というときにも、構造を見ると種の論理なんですよ。

斎藤　そういう気配は濃厚に感じますね。

佐藤　そうすると田辺元の世界になってきて非常に危ない。

斎藤　ファシズムとの親和性が。

佐藤　しかもそれが東亜に広がってくるということになると……。

斎藤　まさにＡＫＢ大東亜共栄圏。

佐藤　廣松渉が一九八〇年代に、これからの左翼は日中を中心に東亜の新時代を開けという「近代の超克」を言い出して、リベラルな人たちが忌避反応を示しました。しかし、今の左派、あるいは、リベラル派の特徴は、日中を枢軸とする東亜協同体に近いところに行っちゃうわけですよね。

斎藤　それはそれでヤバいですね。

佐藤　お話を伺って、一番強く感じたのは、ＡＫＢには裏表の面がありま

46―**講座派**（こうざは）日本資本主義論争で、労農派と対抗した日本共産党系のマルクス主義理論家集団。1932年から、野呂栄太郎（1900～34年）の企画・指導のもとに刊行された『日本資本主義発達史講座』に執筆し、日本資本主義の半封建的性格を強調したグループが中心となった。

す。

斎藤　東亜協同体は政治的に見えて実はけっこう趣味的な部分もあるのではないでしょうか。ＡＫＢの女の子たちが並んでいる図を見て、たぶん欧米人は異様なものを感じるでしょう。

佐藤　普通に感じるのはたぶん児童ポルノですよね。

斎藤　秋元康はＣＮＮのインタビューを受けたとき、まさにその批判を受けて、しっかり答え切れていない。「芸術だからいいんだ」という素朴な反論しかできない。ジェンダーに関わる問題だけに、欧米に輸出するならそこは理論武装すべきでしょう。

佐藤　最初から、欧米など普遍的なものへのつながりを拒否してるということですね。もしかすると、この本も普遍を見つけようとしている一つの試みかもしれません。濱野さんがかなり真面目なので、逆説的に東亜協同体みたいな方に行っちゃうんですよね。

斎藤　今のところはそれを強化する方向にしか行っていないところがこの本の限界です。

佐藤　わかります、すごくわかります。

斎藤　むしろ欧米人を説得できるロジックを提唱しなければ普遍性の獲得は

難しいでしょう。

「聖」と「俗」の境目

斎藤　さきほど少し触れたＡＫＢの御利益をどう捉えるかですね。

佐藤　御利益は、別に現世御利益だけじゃなくて、魂の救済も御利益の中に入りますから。

斎藤　そこは入れていいんですか？

佐藤　入れていいと思います。おそらく贈与論の概念も柄谷さんに入ってると思うんですよね。

斎藤　魂の救済であれば、タイムラグがありますよね。死後に救われると。

佐藤　ええ。

斎藤　それを信じるかどうかということですね。そのために現世で苦痛があっても引き受けていくっていう発想がある一方で、現世利益はとりあえずこの世で楽をさせてもらえないと信じられないみたいな話になってくるわけです。

佐藤　ルードルフ・オットー[47]が言ったように、聖と俗の境目がなくなり聖の領域に俗界がどんどん進んでいくことで、今、人間の流行は延命に向かってます。延命だけじゃなくて、アンチエイジングなんていうものも出てきて、見た目も永遠に若くないといけなくなって。これは貨幣に似てきてますよね。貨幣はいつまでも市場から消えない。

斎藤　AKBは宗教というよりは資本主義システムのパロディかもしれません。濱野さんが「近接性」と書いている点は重要だと思うんですよね。もう手に取ることのできる貨幣というのはいらなくなってるじゃないですか。フェティッシュ（呪物）というと言い過ぎなわけです。もう電子ネットワーク上で流通してますから。

佐藤　柄谷行人さんがNAM（New Associationist Movement）の運動をやったときもその発想でしたね。『貨幣論』を出した岩井克人[48]さんもそうですが、バーチャルな貨幣でいいんだっていうことを説きました。現在の柄谷さんはNAMが思うとおりにいかなかったことを踏まえた上で、超越的なところで金（ゴールド）を出してきますよね。

斎藤　そうなんです。NAMがまさにうまくいかなかったように、やっぱり貨幣はフェティッシュ（呪物）な担保がないとまわっていきません。

47―**ルードルフ・オットー**　1869〜1937年。ドイツの神学者。マールブルク宗教学資料館を設立し、「世界宗教人類同盟」の構想を打ち立てるなど実践的活動も行なった。著書に『聖なるもの』『インドの神と人』など。

48―**岩井克人**（いわい・かつと）1947年〜。東京都生まれ。経済学者。理論経済学を専攻し、不均衡動学の理論を研究。文明批評や現代思想についてのエッセイなども手がける。著書に『貨幣論』『会社はこれからどうなるのか』など。

佐藤　なんでそうなのかっていうと、柄谷さんの場合も「それはそうなってるからそうなんだ」と。

斎藤　そうとしか言いようがない（笑）。

佐藤　しかも、そこから貨幣と国家の結びつきを考える。金貨幣は流通の過程で摩耗します。摩耗しても額面通りの価値で貨幣が通用するようにするため、国家が貨幣に刻印を押して鋳貨をつくる。たとえば、一〇〇グラムの金貨が、九九グラムに摩耗しても、鋳貨ならば「替えてくれ」と国に持っていけば、摩耗していない一〇〇グラムの金貨に替えてくれる。九八グラム、九七グラムと摩耗が増えてきても、鋳貨ならば一〇〇グラムの金貨として流通する。そうなると金がまったく含まれていない国家が発行する紙幣でも、一〇〇グラムの金貨として流通することが可能になります。こうして、商品経済にとって、本来、外部的であった国家が介入してくるのです。柄谷さんの貨幣と国家のつなぎ方は、実に見事です。

斎藤　そうですね。

佐藤　この論理は、神が人間の世界に入ってくるインカーネーションに似ていて、キリスト教の構造とパラレルな感じがするんですよ。柄谷さんをすごいと思うのは、キリスト教的な枠の外で思索をずっと営んできたんだけれども、キリスト教的なものを外さないのが上手ですよね。彼が宗教に対して語るときはズレない。

斎藤　そういう感じですよね。その延長線だと思うんですけど、ラカニアン的な発言をしょっちゅうしてるんですけど、ラカン自体は絶対に援用しません。佐藤さんのお話を聞けば聞くほど、いかにラカンがキリスト教の構図をそのまま精神分析に持ち込んだかっていうのが痛感されます。

佐藤　柄谷さんの言説に関してもみんなが正面から議論しなきゃいけないと思います。

斎藤　と思うんですが、恐ろしいのは濱野さんも参加してた今の若手論客のサイトの中で、柄谷さんの名前を出していながら、「やっぱり知識人としては秋元の方が上じゃない」みたいな議論を平気でやってることです。これが信じがたくて、劣化とか何とか以前にこれは何なんだろうという感じが非常にします。

佐藤　読んでないんですね。

斎藤　たぶん読んでないんでしょう。でなければ、東さん経由でしか知らないんでしょう。

佐藤　私は東さんの書いたものもほとんど読んだことがないんです。

斎藤　東さんの世代から柄谷さんをバカにする風潮が出てきましたね。

終わりのはじまり

佐藤　濱野さんのような理論家が必要になるということが、もしかしたら終焉の始まりかもしれません。勢いがあれば理論家はいらないんですよ。この先広がっていくとスコラ学的[49]になってくるでしょう。だから、細かいいろんな議論が出てくると思うんです。

斎藤　細かく学問的な展開ということですね。

佐藤　神学論争というのは大体二つのパターンがあるんです。一つは、論争の中で、政治権力が入ってきて暴力的に論争が終焉させられる。そういうときはだいたい論理整合性が高い方が負けて、論理整合性の低い方が勝つんです。

斎藤　なるほど。

佐藤　これは知的なバランスとしては非常にいいんですよ。というのも勝った方も理論的には負けてるという感覚がどっかで残ってる。負けた方も政治

49―**スコラ学**（すこらがく）中世のキリスト教神学者、哲学者などによって確立された学問。

的に負けたんであって、われわれは理論的に正しいと思ってる。異端の連中というのはそれなりに自分の置かれた状況に納得しているんです。

あともう一つは、積み重ねじゃないところです。いま言った形で論争が終わるか、些末なところに広がって疲れてみんながやめちゃうかなんですよ。しかし、やめても二〇〇年か三〇〇年くらい経つと、同じ論点がまた蒸し返される。そのときはかつての論理はほとんど踏まえられないで、もう一回出てくるんです。だから、何度も何度も同じことを繰り返して消えていく。仏教における須弥山《しゅみせん》の世界みたいな感じです。その中に入っちゃうと、それがまた面白くなるんで私は入らないように気をつけてるんですけど。

斎藤　ＡＫＢもそちらにいくかどうかですね。ＡＫＢに関して、スコラ学的な展開が可能かどうかは若手論客の腕の見せ所でしょう。

佐藤　あとは現実につなぐ回路ですよね。ＡＫＢが官僚あるいは政治にどういう影響を与えるのか。

斎藤　政治には難しいんじゃないですか。

佐藤　ただ『巨人の星』は明らかに政治に影響を与えたわけですよ。

斎藤　精神性としてですか？

佐藤　精神性として。いまだにその残滓《ざんし》は残ってますよね。

斎藤　それは影響なんでしょうか。同時代性みたいなものじゃなくて影響ですか。

佐藤　やっぱり物語として結晶されてるんで、それを反復するうちに、だんだん『巨人の星』みたいな世界になっていくんじゃないでしょうか。

斎藤　ＡＫＢの中にも根性論はありますから、これもある意味で反復ですね。そういう要素もあるから、同一発生的じゃないですけど、実際の選挙にも反映される恐れがあります。さっきも触れましたが、ベタに反映しちゃったら、金権選挙にしかなりませんから。

反知性主義の怖さ

佐藤　反知性主義とＡＫＢはどうですか？

斎藤　ＡＫＢ現象に関しては知性に対する異議申し立てみたいなニュアンスをけっこう感じるんです。ＡＫＢファンがそういう風になりかかってるというか、知性主義の傾向に対するアンチテーゼ（反定立）みたいにＡＫＢが出された部分もあると思うので、けっこう結びつきやすい根深いものがあるでしょう。秋元さん自身が、表向きは知性主義を徹底して否定してみせる人ですから。

佐藤 確かに秋元さんには反知性主義を商品化する才能があります。

斎藤 非常にあると思います。

佐藤 それからあと、エスタブリッシュされている知的なエリート、それからある意味で反知性主義がパワーエリートに向かっているという関係性かもしれない。

斎藤 そう言いつつも、秋元さんは京都造形芸術大学の副学長をやっていましたよね。彼に関してはその辺の立ち位置がよくわからないところがあるんですけど。

佐藤 でも、バーニングの周防郁雄(50)さんみたいな立ち位置にはいかないですよね。

斎藤 そっちにはいかないですね。

佐藤 周防さんだったら、ストレートに政治に影響を与えることができるでしょう。

斎藤 なるほど。秋元さんもそういう立ち位置になろうと思ったら、なれちゃうところが恐ろしいですけれども、いかないでしょうね。

50 **周防郁雄**(すほう・いくお) 1941年～。千葉県生まれ。株式会社バーニングプロダクション代表取締役社長、株式会社福家書店代表取締役社長。浜田幸一や北島三郎らの運転手を務めた後、ホリプロダクションに入社。71年に同社を退社後、自ら芸能事務所を設立した。

佐藤　ＡＫＢによって残されてる問題はまだありますよね。その意味においては完全にはまだ消費されてません。

斎藤　ヤンキーの強みでもあり、弱みでもあると思うのはマスタープランがないところで、秋元さんもたぶん人生設計とかあんまりしてないと思うんです。

佐藤　占い方式でこういうことになってる。

斎藤　(笑)。だから、ヤンキーの成功者ってどこにいくかわからない人が多いんですよね。何がしたくてどこにいくのかさっぱりわからないんだけど、何かすごいっていう人がやたら多いので。

佐藤　そういう人には物語づけするような人が必要になってくるんです。実は神様の手に導かれてお前はこっちに行ってたんだと。

斎藤　基本的に後付けはいくらでもできるので。まあ、成功した暁にはストーリーが紡がれるのかもしれませんけれど。

佐藤　神学の世界で事後預言って概念があるんですよ。

斎藤　それこそバブル期のアイドルの論じ方というのがあって、バブル期もアイドルを論じた『みんなの歌謡曲』というインディー雑誌がありましたけれども、作ってる方の「まあ、シャレだけど」というちょっとしたしゃれっ気があったわけなんです。
　かつて北田暁大[51]さんが「アイロニカルな没入」と指摘したように、普段は斜に構えているようで、アイドルにベタに熱狂するあたりが、若い世代特有の傾向です。『電車男』[52]ブームなどもそうでした。メタゲームに興じているはずが、いつの間にかベタベタになってしまうというのは、この世代の限界なのか、可能性なのか……。

佐藤　ミラン・クンデラ[53]の『冗談』という小説を思い出しましたね。プラハの春の後は禁書になっちゃう本です。

斎藤　どういう内容なんですか?

佐藤　『冗談』は、戦後の共産党体制下のチェコスロバキアが舞台です。主人公は楽観主義なんかクソ食らえと思っていて「トロツキー万歳」という冗談を記した葉書をガールフレンドに送ったら告発されて、学生共産党組織の幹部になって、大学を退学させられて炭鉱労働に就かせられます。その後、追放された恨みを晴らしてやろうと思って、自分を追放して今は大学教授になっている仇の妻をたぶらかして成功する。ところが、もともと夫婦仲はうまくいってなくて、逆に仇にとってもそれが非常にありがたいことになってしまう。しかも、すごく真面目な異端派知識人になってるんです。

51—**北田暁大**（きただ・あきひろ）1971年〜。神奈川県生まれ。社会学者。東京大学大学院情報学環准教授。著書に『広告都市・東京　その誕生と死』『嗤う日本の「ナショナリズム」』など。

52—**電車男**（でんしゃおとこ）インターネットの電子掲示板「2ちゃんねる」への書き込みがもととなった恋愛小説。名称は投稿した人物のハンドルネームによる。2004年に新潮社から単行本化され、ベストセラーとなる。ドラマ、映画、舞台にもなった。

53—**ミラン・クンデラ**　1929年〜。フランスの作家。チェコで生まれ、プラハ音楽芸術大学卒業後、同大学で教鞭を執る。1967年、小説『冗談』で国内外で注目されるが、翌年のプラハの春の後、教職を追われ、全作品が国内発禁になる。75年、フランスに亡命。著書に『存在の耐えられない軽さ』『不滅』など。

そういった話の中で、すべては冗談でその冗談を真《ま》に受ける人たちの姿っていうのを、すごくアイロニカルに描いてる作品です。あるとき冗談で言ったことが本気になると。

斎藤　なるほど。ジジェク[54]がよく言う冷笑家が陥りがちな陥穽《かんせい》ですね。騙されない者がさまよう、という。濱野さんは本気ですね。

佐藤　本物のすごさがあるわけですね。

斎藤　ネタにも逃げず痛さも顧みず、その姿勢は潔いとも言えます。あとはこの発想を、新書レベルじゃない思想としてさらに展開できるかどうか。余談ですが、私はこの本を読んで若き中森明夫[55]や田口賢司[56]らが新人類だった頃に出した『週刊本28　卒業　ＫＹＯＮ^{2}に向って』（朝日出版社）という本を思い出しました。若き小泉今日子をドゥルーズ＝ガタリ[57]で論ずるというハッタリの利いた本で、濱野さんにも参考にしてほしい本です。

佐藤　濱野さんはこの先、何を書くかですね。しかし、現代思想の人たちは、思想としての展開自体を拒否しても構わないという風潮があるんじゃないんでしょうか。

斎藤　もちろんあります。

佐藤　だから、あんまり面白くないんですよね。そうすると、結局人を引き

54｜**スラヴォイ・ジジェク**　1949年～。スロベニアの哲学者。現代政治から大衆文化まで扱うラカン派マルクス主義者。著書に『イデオロギーの崇高な対象』『ポストモダンの共産主義　はじめは悲劇として、二度めは笑劇として』など。

55｜**中森明夫**（なかもり・あきお）1959年～。三重県生まれ。作家、アイドル評論家。「おたく」という語の生みの親。田口賢司（1961年～）や野々村文宏（1961年～）と「新人類3人組」と呼ばれた。著書に『午前32時の能年玲奈』『アナーキー・イン・ザ・JP』など。

56｜**田口賢司**（たぐち・けんじ）1961年～。岐阜県生まれ。テレビ番組プロデューサー。テレビマンユニオン第8期メンバーを経て、スカイエンターテイメント（現在のジェイ・スポーツ）へ。国内外のサッカー中継、ラグビー中継のオリジナル番組を統括する。80年代初頭は「新人類」という括りで注目を集める。著書に『ボーイズ・ドント・クライ』『センチメンタル・エデュケイション』、中森明夫と野々村文宏との共著『卒業　ＫＹＯＮ^{2}に向って』など。

つける思想っていうのが、橋下徹さんだったりする。

斎藤 反知性主義の典型みたいな思想になってくる。「事件は現場で起きてるんだ」みたいに、現場主義、実利主義になっちゃうわけですよね（笑）。とすると、思想家の意義ってあるのかしらという話になります。

佐藤 今、日本最大の教養人は池上彰さんでしょう。

斎藤 実質そうですね（笑）。

佐藤 難しい話と普通にわかる話の間の回路をつなぐことができるということで、東京工業大学で思想の講座を持ってるわけですから。あのレベルに到達することは、今の官僚の目標なんじゃないですかね。私は真面目にそう思っています。

斎藤 （笑）。

佐藤 現下の反知性主義は怖いですよ。

斎藤 怖いです。

佐藤 反知性主義って力がありますからね。

斎藤 いや、でも橋下さんのパワーというのもずるいですよ（笑）。彼は徹底的な現場主義ですから。現場主義の人が反知性主義に走るのが今の傾向。本当は現場主義と知性主義は両立するんですけど。

57—**ドゥルーズ＝ガタリ** フランスの哲学者、ジル・ドゥルーズ（1925～95年）とフランスの精神科医、フェリックス・ガタリ（1930～92年）の二人のこと。『アンチ・オイディプス』『千のプラトー』『カフカ』などを二人で上梓した。

足腰の弱い今の思想系

佐藤　私自身が現代思想に鈍感なもので勉強してないせいだと思うんですけど、今の思想系の方でピンとくる人がいないんです。

斎藤　本当にいないです。ポストモダン以降のことしか知らないだろうという人は、ちょっと足腰が弱いですね。

佐藤　それこそ私は幽冥界にいる人との対話に、ほとんどの時間を費やしてるんです。それが面白いんですよ。

斎藤　そうだと思いますね。ひょっとしたらネットがダメな元凶かもしれません。ネットで浅くなっちゃうのかもしれませんね。大学教育の現場でも、かつては翻訳じゃなくて原書を読もう、と言われたものですが、いまはネットの要約じゃなくて原著を参照しよう、というのが精一杯です。

僕が濱野さんの今回の本を読んでいて思うのは、ここに出てくる社会学の知識の多くは、ウィキペディアとまでは言いませんけど、かなりネットに依拠しているのではないか、という疑いです。今はサイニー(58)（CiNii）とか、ネットでオリジナル論文をいくらでも読めるじゃないですか。手軽に教養を

58 — **サイニー**（CiNii）国立情報学研究所が運営する学術論文などのデータベース。

手に入れられる点は良い時代だと思うんですけど、そのぶん安易に流れやすくなる。標準的理解の啓蒙としてはいいんですけれども、この本から間口が広がって読者が読み進めるかというと、どうなんだろうという気がします。濱野さんの議論もネットに書かれてるときはすごいオリジナリティがあるんですけど、こういう社会学的議論になると、「ネットで検索レベル」の知識の寄せ集めに見えてしまうなあという感想から抜けられません。

佐藤　たとえば、さきほど出てきたハーバーマスに関しては、明らかに読んでないですよね。

斎藤　と思います（笑）。

佐藤　普通の翻訳として読んでいればハーバーマスのいやらしさに気づくはずですから。ハーバーマスを読んで「人を小バカにしやがって」っていうところに気づかないんだったら、相当鈍感な人っていうことになります。

斎藤　そこは専門外だから、仕方ない気もするんですけどね（笑）。ただ、名前を出すなら、もうちょっとという感じがしなくもありません。ちゃんと読んだのは吉本隆明さんぐらいでしょう。

佐藤　吉本隆明さんの著作というのは、毛沢東の実践論や矛盾論の同類で、単純不明快な論理なんですよね。

斎藤　濱野さんも吉本ファンではないと思うんですよ。ただ、「何か偉い人」みたいな感じで飛び付いた感じがすごくあって。

佐藤　そう思います。どうして吉本ファンじゃないかっていうのは、この本に『共同幻想論』が出てこないからです。

斎藤　出てこないです。

佐藤　もしこのテーマを扱うんだったら、「対幻想」は必ず出てくるはずです。

斎藤　絶対に外せません。「幻想論」なしでAKBを語るってありえないんだけど、いきなり『マチウ書試論』だから、たぶん吉本隆明がどういう文脈で出てきたかっていうのをまったくすっ飛ばしてます。

佐藤　たぶん目的論と聖書をつなげないといけないっていう形で検索をして……。

斎藤　身も蓋もない（笑）。

佐藤　神学のプロパー（専門）だったら「マチウ」なんていう表記は絶対しません。「マチウ」っていうのは、英語のマタイ読みのたぶんさらに日本語訛りです。

斎藤　解説書に「マタイ」って書いてあるのに、あえて「マチウ」としてますが、これは吉本語ですか？

佐藤 確かに吉本語です。

斎藤 （笑）。

佐藤 吉本隆明も面白いですよ。『共同幻想論』なんかどう考えても、喫茶店で女の子を口説くための論理だとしか思えないんですけど。

斎藤 小林秀雄(59)もそうですけど、気合いと言い切りの強さですよ。言い切られちゃうと何となくそんな気もするぐらいの勢いで読んでいくとわかった気になるんです。

佐藤 毛沢東やスターリンに近いですね。

斎藤 という感じですね。

佐藤 「言い換えれば」と言って言い換えになってないとか、「しかし」とか言っても順接になってるとか。

ポストモダン系の本を読んだとき、ゴシックの使い方がスターリンの本に似てるなと思ったんですよ。

斎藤 ゴシック？

佐藤 ええ。あちこち太字になってるところ。あれ、スターリンが得意なんですよね。スターリン全集とか読むとあっちこっち太くなってますよ。

59―**小林秀雄**（こばやし・ひでお）1902～83年。東京生まれ。文芸評論家。1929年、「様々なる意匠」を発表。『文藝春秋』を主な舞台に志賀直哉、室生犀星、谷崎潤一郎らに対する評言を重ねた。戦中は歴史論、伝統論、古典論を展開。戦後はゴッホやモーツァルトなどの芸術家の精神を探った。著書に『考えるヒント』『本居宣長』など。

斎藤　そうなんですか。

佐藤　こういうことを言うと、何か嫌われちゃうんだよな。あんまり言わないようにしないと。

斎藤　誰に好かれたいんですか⁉（笑）

佐藤　余計な敵は作らないようにしてる。

斎藤　今更それはないでしょう（笑）。

ＡＫＢ論者たちの反応

編集部　お二人が初めてＡＫＢについて語った対談が掲載された『週刊金曜日』二〇一三年五月一〇日号をＡＫＢ論者の方々にお送りしたんです。

斎藤　濱野さんは、「大変勉強になりました」ってツイートしてましたよ。僕はどうかなぁって思いましたけど。

あの対談が掲載されてから、ちょっと疎遠になった人も何人かいます。そのせいかどうかは知りませんが。

佐藤　私のところにはそのへんの人たちからのアプローチは特にありません

でした。ただ、『報知新聞』や『WEBRONZA』からAKBについての依頼が来るようになりましたね。

斎藤　AKBもいけるとわかって。

佐藤　「推しメン誰ですか?」と聞かれるんですが、「そういうことには関心ないんです」と答えてます（笑）。

斎藤　僕は今、ももクロにハマッてるのでAKBはもうどうでもいいです（笑）。

佐藤　AKBとももクロはどこが違うんですか?

斎藤　僕、ちょっと詳しいので説明します。まず、メンバーが五人しかいません（笑）。ももクロはエロス的要素がほとんどないと言われてます。肌の露出なんかも意図的に抑えていて、演出もプロレスに近い。だから逆説的な意味で、親父層でも安心して熱狂できるんですね。ロリコン的ないやらしさが少ないから。楽曲も洋楽好きにもアピールするようなマニアックなくすぐりがいろいろ仕掛けてあります。

佐藤　じゃあ、怪獣の仲間ですか。

斎藤　はい!?

佐藤　怪獣の仲間ですか?

斎藤　(笑)。怪獣や、戦隊モノみたいなものです。

佐藤　ＡＫＢに関しては、第五回総選挙で一位を取った指原莉乃さんは安倍晋三の物語とシンクロしてますよね。本質的な失敗ではなく、許される程度の失敗をした人間はもう一回戻ってこられるということを体現してます。

斎藤　そうですね。

佐藤　丸坊主のような過剰なことをしたらダメですから。過ぎたるは猶《なお》及ばざるが如しです。指原さんの場合は追放まではいってないから、そこが面白いところですよね。ＡＫＢのシステムは縮小しながらも一〇年、一五年ぐらいは生き残りそうですね。

斎藤　勢いが続くとはかぎりませんけど残るでしょうね。

佐藤　メシは食っていけるでしょうね。

斎藤　新陳代謝がセットされてますから。

ＴＰＰの中でのＡＫＢ

佐藤　ただ問題として、これからＴＰＰ（環太平洋戦略経済連携協定）とも関係してくるんですよ。

斎藤　おお。

佐藤　さきほど出てきた児童ポルノの問題です。ＴＰＰのプロセスの中で、少年少女からの性的搾取っていうカテゴリーでの文化摩擦が出てくるでしょう。橋下さんの「『慰安婦』は必要だ」発言の延長線上にＡＫＢがあることに気づいてる人が少ないですよね。

斎藤　一応僕はサブカルの言及もしてる人間だから、これは頭の痛いところです。「ＡＫＢがイカン」と言われたら擁護はできませんが、「アニメや漫画における性的表現については被害者がいないという理由で許容してほしい」と言わざるを得ないところがある。しかし、実は猥褻の取り締まりは、被害者がいるかとか性犯罪を誘発するかということと関係なく為されるのが通常です。たぶん「アニメや漫画における性的表現については被害者がいないという理由で許容してほしい」というのは通らないかもしれません。

佐藤　「被害者がいない」っていうことだったら、国策捜査は被害者がいないですから。今後、被害者は「国民全般」に設定されるかもしれません。

斎藤　児童ポルノ法に強硬に反対する論者は「アニメや漫画は被害者がいないんだからいいんだ」とか、「むしろカタルシス効果で性犯罪を抑止するからいいんだ」というロジックにすがるしかありません。僕も表現規制には原則反対なんですが、だんだん擁護が難しくなってきている印象ですね。規制ギリギリを狙ったような作品がこんな時期に出てきたりすると特に。あとアニメと言えば、3DCGでモデルをトレースしたチャイルドポルノなどというものもあって、ここまで来ると被害者がいないとも言い切れなくなります。

　諸外国では日本のポルノアニメを持ってるだけで逮捕者が出てる状況です。佐藤さんがおっしゃるように、TPP的な流れの中で、当然日本にもこのような状況が逆流してきて、取り締まりが強化されるでしょう。だから、今の児童ポルノ法改正議論の中で、片山さつきが、児童ポルノの定義にそういうアニメや漫画も含めようとしていることはかなり実現性が高いことです。全体の流れを見たら逆らえない感じもありますね。

佐藤　アメリカの社会が弱ってきてる部分に「国家」という概念が入ってきちゃってるわけですよ。本来、アメリカは何事も自由だけれども、「これはやっぱり一線越えてるんじゃないの」っていう掟《おきて》みたいなのを作っていく力があった。教会の役員会とかで決めてたわけです。その力が弱ってきてる。

　そうすると何か力によって規制しないといけない。[60]スノーデン事件やTP

60―**エドワード・ジョセフ・スノーデン**　1983年～。米国生まれ。元CIA（米中央情報局）及びNSA（米国家安全保障局）の局員。2013年6月、メディアのインタビューでNSAによる個人情報収集の手口を告発した。直後に米司法当局により逮捕命令が出された。8月1日にロシア移民局から1年間の滞在許可証が出された。

Pが連鎖していって、これから逆にこういう風になりますよ。「見られて困ることがあるんですか？　浮気してるからあなた、見られると困るんじゃないですか」「別に監視カメラで撮られていても、普通の生活をしてるんだったら何も困らないはずじゃないですか」と。ソ連の反体制作家ザミャーチン(61)が書いた『われら』の世界になってくるわけです。

斎藤　スノーデン事件についてのアメリカ人のアンケートで、それこそ「監視全然ＯＫ」みたいな反応がありますからね。

佐藤　アメリカは明らかに変わってるんです。９・11とボストンマラソンの爆弾テロも関係してる。国家による監視に対する警戒感が薄れています。

斎藤　テロが起きることの〝効果〟なんでしょうけど、けっきょくプライバシーよりも安全の方を取るという答えが出てしまってる点が恐ろしいです。

佐藤　それでこれからプライバシーを守ることができる人間っていうのは年収一億円を超えるような人たちになります。その人たちは事実上いろんなプライバシーを守る算段が取れるわけです。ゲームのルールを作る側のプライバシーは、過剰なぐらいに保全される。あるいはそういう人たちならプライバシーに対する侵害があると訴訟とかなんかにすぐにかかれるでしょう。

斎藤　そうですね。

61｜**エヴゲーニイ・ザミャーチン**　１８８４～１９３７年。ソ連の作家。ソ連時代はレーニン批判の反体制作家とされていたが、ペレストロイカ以降、再評価された。『われら』は最も悪質な反ソ宣伝の書とされ、長く文学史から抹殺されてきたが、１９８８年に初めてソ連で公刊された。

佐藤　そうじゃない圧倒的大多数の国民に関してはプライバシーはまったくなくなります。ガラス張りの部屋の中に住めと言ってるのと一緒です。僕はソ連に住んでいたときに驚いたことがあって。最初に住んでいた家が、一一階だったんです。それでカーテン屋さんに行って「カーテン買いたい」と言ったら売ってくれないんですよ。「なんでカーテンが必要なんだ」と。

斎藤　(笑)。

佐藤　実際にソ連の建物を見てみると、三階以上でカーテンつけてる人はいないんです。

斎藤　それはちょっとすごいです(笑)。想像できないな。

佐藤　「覗かれて困る生活してるのか」となるわけです。強いてつけるとするならば、寝室にはカーテンがついてる場合がありますが、それもだいたいレースのカーテンだけですよね。

斎藤　窓がない部屋とか作っちゃいけなかったりするわけですよね。

佐藤　ところが、ソ連共産党中央委員会の連中が利用する店には窓がない。

斎藤　わかりやすいと言えばわかりやすい。

佐藤　ソ連共産党幹部たちが住んでいる街は塀に囲われていて、表札にはナンバーしかついていません。エリート層のプライバシーは完全に保全されるんだけれども、国民に関しては透明な社会です。

斎藤　奇《く》しくも同じ構造がアメリカで実現しようとしているということですね。

佐藤　そうです。僕はスノーデンの考え方とは全然違うんだけれども、スノーデンが秘密裏で処理されるとか、あるいは、スノーデンが拉致されてアメリカで裁判にかけられるとなったときは本当にアメリカとの関係を世界が見直さないといけないと思うんです。ザミャーチンの『われら』の世界になっているということがわからなくなっている。スノーデンのように、小学生のような正義感で「命を失ってもかまわない」と思って立ち上がる人たちがいるんだっていうことを認識していないといけません。

　そういったことを含めて、国家対ギークの対立っていうのは、技術を持っているアナーキスト対ナショナリストの対立っていうことだと思うんですよ。

斎藤　なるほど。今で言えばクラッカー集団の「アノニマス」(62)なんかがギーク・アナーキストの典型ですね。あのガイ・フォークスの仮面が彼らの自意識を象徴しています。彼らのヒロイズムはハリウッド映画的なロマン主義でもありますね。それこそ「ウォーゲーム」から「ソードフィッシュ」まで。

62―**アノニマス**　匿名（Anonymous）で活動する国際的ハッカー集団。

ＩＴシステムはいまや欠くべからざるインフラですが、同期システムであるという弱点を抱え込んでいます。中井久夫[63]さんが指摘していますが、神経系だって同期しすぎるとてんかん発作のような症状につながりやすくなる。一点突破で弱者が強者を転覆させられる、というあたりのイメージが強い。その一方で、ナショナリストもネトウヨみたいにローカライズされつつありますから、対立の戦場はだんだんサイバースペース上に移行しつつあるのかもしれませんね。

63―**中井久夫**（なかい・ひさお）１９３４年〜。奈良県生まれ。精神科医、神戸大学名誉教授。１９６９年、絵画療法の一つである風景構成法を創案。95年の阪神・淡路大震災のときは被災者のメンタルケアの中心的役割を担った。著書に『記憶の肖像』『家族の深淵』『「昭和」を送る』など。

第二章 『つくる』の解釈に色彩を持たせる

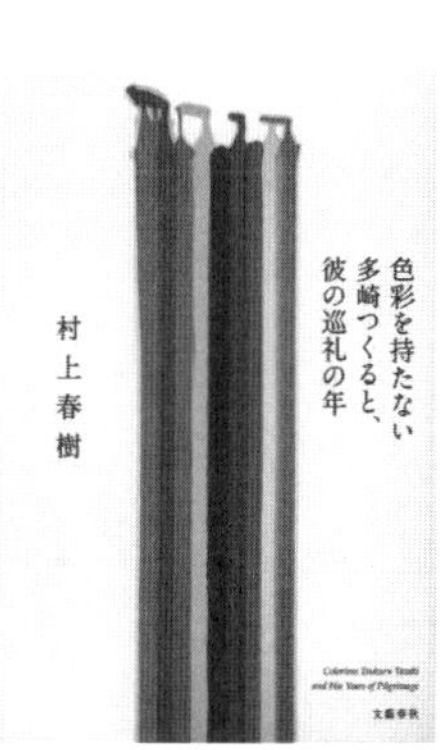

『色彩を持たない多崎つくると、彼の巡礼の年』

著者：村上春樹　文藝春秋

主人公の多崎つくるは名古屋での高校時代、
４人の仲間とつねに行動をともにしていた。
つくる以外の４人は名字に色がついていて、
「アカ」「アオ」「シロ」「クロ」と呼ばれていた。
高校卒業後、つくるだけ東京の大学に進むが、
ある日突然４人から絶交されてしまう。
それから約16年が経ち、
つくるは木元沙羅という恋人の助言により、
当時の友人たちに会いに行き、絶交された原因を探ることとなる。
なお、本書は文芸書として最速で、発売後７日で100万部を達成した。

斎藤　村上春樹の『色彩を持たない多崎つくると、彼の巡礼の年』については、例によってまた賛否がありました。意外と多かった指摘が、今回の小説はけっきょく昔の焼き直しというか、小道具や雰囲気が全然変わってないというものです。非現実的なまでにおしゃれな小説――そういう枠組みから一歩も出ていないじゃないかという批判があったわけです。

非常に不思議だったのは、私には今回はかなり大胆な変化があったと思えてならなかったことです。これまでの村上春樹の主人公も、漠然とした喪失感はつねに抱えていたんですけど、今回の多崎つくるは決定的な喪失に直面する。ここまではっきりと友人から見捨てられるとかいうことは、短編等ではあったかもしれないけど長編ではなかった。妻が出ていくとか、パートナーがいなくなるとかっていうことはいっぱいありましたけれど、今回の体験はそういう漠然とした喪失感よりもさらに強烈なものです。何しろ運命共同体的な四人の仲間から見捨てられてしまうという出来事があって、その仲間に真意を問いただすのが巡礼の目的――という非常にベタな話です。それこそ「羊」のようなシンボル的なものを探す話じゃないんですよね。喪失の超え方もベタならば、解決の仕方もすごくベタです。

もう一つ非常に印象的だったのは、沙羅という年上の彼女です。今までのスカした主人公みたいに「待ち」だけじゃありません。彼女が浮気してるんじゃないかとヤキモキするし、「見捨てられたら死んでしまう」ということまで思ったりするわけです。ここまで異性に執着を示す、いい意味で「ダメダメな」主人公は村上小説では初めて読んだ気がします。村上春樹がこの歳でまだ新しいことをやろうとしているという点で好感を持ったのがファーストインプレッション（第一印象）です。佐藤さんはいかがでしょう。

佐藤　まずこれは日本の読者をほとんど意識しないで書かれているものだと思いました。「できるだけ早く英訳を作りたい」ということが彼の頭の中にあるのでしょう。訴えかけようとしている対象は世界だと思います。

斎藤　なるほど。

佐藤　テーマも非常に真面目であるし、私は思想小説として読みました。

斎藤　思想？　思想ですか？

佐藤　はい。端的に言うと、「悪は存在するのか」、あるいは「悪が存在するとしたら、原因は何なのか」ということです。要するに一七～一八世紀のライプニッツ(1)が唱えた神義論(2)（theodicy）ですね。この「悪の起源」の問題を扱ってるなぁと思ったんですよ。村上さんは「人間を描いた」と言ってるんだけれども、私は人間を描いてるんじゃなくて、悪を描いているという解釈

1―**ゴットフリート・ヴィルヘルム・ライプニッツ**　1646～1716年。ドイツの哲学者、数学者。哲学や数学に限らず、論理学、神学、法学、形而上学、自然学、歴史学、倫理学、中国学、言語学など、多方面で活躍した。外交官や技術家としても知られる。ライプツィヒに生まれ、大学で哲学、法律、数学を学んだ後、マインツ侯国の法律顧問官となる。1672年からパリに滞在。帰国後はハノーバー家に仕えながら、ベルリン科学アカデミーを設立するなど活躍した。著書に『単子論』『モナドロジー　形而上学叙説』など。

2―**神義論**（しんぎろん）神学や哲学で、「神が創った世界に、なぜ悪があるのか？」という問題に対して、神と悪との関係をどのように理解するかということ。弁神論（べんしんろん）とも言う。

です。悪は関係性から出てくる。
あと、今まで出てる日本の批評では、「色彩を持たない」ということについて、いろいろ議論がなされています。しかし、私はこの「色彩を持たない」っていうのはつまり、透明という色彩を持っていることだと思うんです。透明というモチーフは、それこそ村上龍さんの『限りなく透明に近いブルー』とか、あるいは田中康夫さんの『なんとなく、クリスタル』でけっこう使われているんですよ。日本では後段の「巡礼」ということに対して、ほとんど関心が向きません。『多崎つくる』が英語になった場合、おそらく「巡礼」に相当な関心が持たれるでしょう。
斎藤 そうですか。
佐藤 どういうことかと言うと、「巡礼」というのが目的論的構成になってるんです。そのシンボルが新宿駅の9番線だと思うんですよ。
斎藤 はい。
佐藤 新宿駅の中で唯一始発と終着になる、そのホームにつくるが座っていることを出すことによって、直線的な時間を出している。これは思想史的なものをよく踏まえた仕掛けです。おそらく村上さんは思想史を正面から勉強するというやり方じゃなくて、いろんな外国文学を読むことによって、特にヨーロッパ文学の中に埋め込まれている思想が自然と彼の中に入っているのでしょう。だから、私は思想小説として読みました。

核となる灰田の物語

斎藤　悪の問題はすごく関心があります。僕は村上春樹の初期の作品はほとんど評価してなくて、『ねじまき鳥クロニクル』から突如評価しはじめたという、他の多くの読者とはちょっと違う読み方をしてるんです。『ねじまき鳥』に出てくる綿谷昇《わたやのぼる》は非常にシンボリックな悪の象徴として出てきます。『海辺のカフカ』であれば、ジョニー・ウォーカーですね。

『多崎つくる』では、『ねじまき鳥』や『カフカ』のようなシンボリックなキャラクターが出てきてないいんじゃないかという気もしたんです。悪の描き方が、相当変わってきていると思うんですけど、いかがでしょう。

佐藤　シンボリックなキャラクターが出てこないがゆえに、悪のリアリティがより強くなってるんです。要するに、悪は関係性の中から生まれてくるということです。シロ（ユズ）の言ったことをみんなが鵜呑みにしていたということならば、悪の構造は残り三人の中にはないわけですよね。ところが、クロ（エリ）は最初からウソだと思っていて、アカとアオも「そんなことが奴にできるはずはない」と思っている。しかし、彼ら彼女らはつくるを破門してしまう。何でそういうことをするのか、という構造ですよね。そこを一つまとめて書いてるのが、「『あの子には悪霊がとりついていた』、エリは密やかな声で打ち明けるように言った。『そいつはつかず離れずユズの背後にいて、その首筋に冷たい息を吐きかけながら、じわじわとあの子を追い詰めていった。そう考える以外にいろんなことの説明がつかないんだ』」という箇所です。この説明の仕方は非常に面白いですよね。ちなみに、この「エリ」や「沙羅」という名前を使っているのは明らかにユダヤ文明を意識してます。両方ともユダヤ人の名前としても非常にあり得ます。「沙羅」は聖書の中に出てくる「サラ」ですし。

悪においては二つの考え方がある。一つは悪というものを善の欠如と考えること。善の欠如だから、努力すれば悪はこの世から除去できるんだということです。これは基本的にアウグスティヌスの影響を受けている人たちの考え方です。悪というのは善の欠如だから、努力すれば悪はこの世から除去できるんだと。それに対して、悪というのは悪自体として自立していて、人間の関係の中から生まれてくるんだという考え方があります。こういう考え方に立つ人は、けっこう面倒くさい操作をするんですよ。一言で言うと、ヘブライズムの存在感で、being を使わず、becoming を使うんです。

すべてを生成のプロセスで捉えるので、神も生成の中において存在するという考え。「神様の創造」を考えないんです。最初、神は満ち満ちていたんだけど、あるとき恣意的に収縮する。収縮した在野の箇所にわれわれは生まれてるわけで、そこでは、神が収縮してるから神の意志は直接働きません。アイザック・ルリヤ(3)が創始した『カバラ』がこの考えです。中沢新一さんの『はじまりのレーニン』はヤコブ・ベーメ(4)論を展開してますが、『カバラ』を使ってるわけですよね。

われわれのいるところは神のいないところだから、悪は必ず生まれてくるということです。これは、ドストエフスキーの根本的なモチーフです。村上さんはある時期からドストエフスキーをよく読んでる感じがしますね。

斎藤　実際、「目標はドストエフスキー」といたるところで発言されてますよね。「不健全な身体を獲得することで、健全な主体となる」ということを言ってたと思いますけれども、おっしゃる通り、村上春樹の中には、おそらく底知れぬ悪を書くという目標がはっきり設定されてるんでしょう。難しい

3―**アイザック・ルリヤ**　1534〜72年。ユダヤ教のラビ（指導者）であった。ユダヤ教の神秘主義思想であるカバラを創始した。カバラを説いた「生命の木」という詩がある。

4―**ヤコブ・ベーメ**　1575〜1624年。ドイツ生まれ。神秘主義者。「はじめてのドイツの哲学者」と言われている。ヘーゲル哲学の起源となった。著書に『アウローラ』『キリストへの道』など。

と思うのは、現代においてはそうした絶対的な悪がはたして描かれうるか、という点です。

ドストエフスキーの『悪霊』でスタヴローギンが一二歳の少女マトリョーシャを性的に誘惑したうえで陵辱するエピソードがありますね。亀山郁夫の解釈によれば、少女はスタヴローギンの誘惑によってはじめて性の快楽に目覚め、その快楽に対する罪の意識から納屋で首を吊るに至るんですが。このとき、あろうことかスタヴローギンは、彼女の自殺の一部始終を、誰にも気付かれぬように覗き見しているわけです。小説で描かれた悪の描写としては完璧ですね。ここでのポイントはスタヴローギンが、無垢な子どもを去勢する父として振る舞いながら、去勢の効果として子どもを死に追いやっているということです。彼自身の性的快楽のために、完全な理性（＝覗き見）のもとでね。これをどんな大量殺人をも凌駕する絶対悪として理解しうるかどうかが、文学における「悪」の問題の中核にあると僕は考えています。システマティックな悪は、ある意味必然的に、アイヒマン的な凡庸さに陥ってしまいますよね。悪の規模としては比較にならないけれども、それは量的な問題であって、内包量としての「悪の強度」としてはどうか。春樹はエルサレム賞の受賞講演では「システムの悪」を糾弾していましたが、これは彼が書こうとしている悪と一致するとは思えないんですね。

佐藤　そう思います。村上春樹は悪を具体的なものとして描いています。悪はそれを体現した人格として現れます。これはシステムの悪とは別の位相の問題です。あと面白いなと思うのは、つくるの大学時代の友人の灰田の物語ですよね。

斎藤　はい、そうですね。

佐藤　入れ子状でこのエピソードが入ってきます。旧約聖書「創世記」のヨハネの物語のような感じ。ドストエフスキーだったら入れ子状で、「大審問官」伝説とかを描くのが好きですよね。ここで面白いのは、学問を実生活に応用する「工学的発想」と学問を追求していく「理学的発想」の違いが端的に出てきてると思うんですよ。「僕は違います。生まれつきなぜか、ものを作ることが不得手なんです。小学生のときから簡単な工作ひとつ満足にできません。プラモデルさえうまく組み立てられません。頭の中でものごとを抽象的に考えるのは好きで、どれだけ考えていても飽きないいんだけど、実際に手を動かしてかたちあるものを作ることができないんです」というところで灰田の理学的な発想が出てきます。

それに対して、つくるはあくまでも工学的です。そこで面白いなと思うのは灰田が「真空を作っているようなものかもしれません」と言うと、つくるが「真空を作る人間も、世の中に少しは必要なんだろう」と返す場面がありますが、これとアナロジカル（類比的）なのが、けっきょく透明という色彩だと思うんですよ。

斎藤　なるほど。

佐藤　真空を作るのは、満ち満ちているところから収縮することだと考えるならば、ここは人間の自由と悪の問題について説明するのに、非常にうまい理由立てなんですよね。

この灰田の物語は唐突感があるとか、成功してないんじゃないかと、ボロクソに言う人が多いんだけれども、私は面白いと思うんです。

斎藤　核として必要だと思いますね。

佐藤　そう思います。灰田自身が本当のことを言ってるかどうかよくわからない。もしかしたら父親の話じゃなくて自分の話かもしれません。

斎藤　そうそう。それはすごくありますね。

佐藤　灰田がプールでつくるにアプローチしてくるところは、夏目漱石の『こころ』で「私」が先生にホモセクシュアル的にアプローチする方法と似ていますよね。

斎藤　そうですね。実際に性行為まがいのことも、夢の中ですけれどもあるわけですし。

佐藤　それからあともう一つは、色彩が見えるようになる「トークン」。もしかしたら、灰田はこの「トークン」を渡しに来たのかもしれないんですよね。他に渡す奴ができたから、離れていったのかもしれない。いろんな読みが可能になるようにうまく作ってますよね。作品の構成として通常は、灰田のようなフェイドアウトの仕方はかぎりなく破綻に近い。

斎藤　通常ならそうです。しかし、僕の印象として、この灰田っていう人は一種のドッペルゲンガー（分身）的な出現の仕方をするので、灰田の話が消えてしまうのは割と自然に読めた感じがあるんです。

佐藤　完全には消えてないんですよね。どこかで見てるんです。

斎藤　そうですね。

佐藤　江戸時代末期の黄表紙本(5)に豆男(6)って出てくるじゃないですか。

斎藤　メタ視点ですね。

佐藤　メタの立場から見てるということです。灰田は死者のメタ視点みたいな感じがします。

斎藤　そうですね。「真空を作っているようなものかもしれません」という

5―**黄表紙**（きびょうし）17世紀の中ごろから19世紀末まで主として江戸で出版された、草双紙の一様式。ページごとに絵を大きく描き、周囲に文章を入れる。内容は、当世の世相、風俗、事件など流行語をまじえて写実的に描写し、荒唐無稽な構想や表現で滑稽さを表現した。初期の行政表紙本、赤本、黒本、青本を経て、1775年『金々先生栄花夢』以降を黄表紙と呼ぶ。1804年以降は合巻。

6―**豆男**（まめおとこ）豆粒ほどの小男で他人と魂を入れ替わり、数々の情事を楽しむ浮世草子などに登場するキャラクター。

抽象的な次元を思考する人間ですから。それが純粋な悪かもしれない可能性をどこかに残してます。

佐藤　相当強く秘めてます。

『つくる』で描かれた死者の視点

斎藤　何か意図があるのでは、ということで読み出すと本当にきりがないんですけれども、『多崎つくる』の書評で複数あったのは、震災をある程度意識したんじゃないかという「読み」です。『WEBRONZA』では『朝日新聞』編集委員の大西若人《おおにしわかと》さんが、『朝日新聞』では佐々木敦さんがそういう視点を述べていました。佐々木さんの指摘の中で、多崎から連想していたずらに三陸海岸と結びつけるところは、ちょっとこじつけすぎな気もしますけれども。

村上春樹はいわゆる「デタッチメント」から「コミットメント」以降の作品では社会的なものを取り込んでいくことを避けなくなってます。彼はよく「穴を掘る」という比喩を使いますけれども、穴を掘ってばかりいる割には、けっこうアンテナが外を向いています。僕はこれを「ユング的アンテナ」と称していて、別に外に向けてないのに、時代とシンクロするようなネタを取り込んでしまいやすいところが、以前からあると思うんです。

『多崎つくる』の中にも一カ所だけ津波の風景を描写するようなくだりがありますね。何がしか3・11の影響を受けているでしょう。

佐藤　非常に強いと思いますよね。

斎藤　僕が今回の『つくる』の視点が今までとガラリと変わっていると思った理由は、どちらかというと死者の視点を取っているんじゃないか、という印象が非常に強かったからです。佐藤さんの考えで言うと、この場合の「巡礼」はキリスト教的なモチーフとなるかもしれないですが、別の見方はできないかと思っているんです。八八箇所巡りをするお遍路様的な捉え方です。ご存知の通り、八八箇所巡りは白装束、いわば死者の格好をして、死の国に入っていくということですよね。そちらの「巡礼」として考えられないでしょうか。過去の友人巡りを、八八箇所になぞらえるんです。そして「多崎つくるにはとくに向かうべき場所はない」となる。このくだりが非常に印象に残っていて。

佐藤　印象的なところですよね。

斎藤　僕の考えなんですけれども、生きた人間というのは必然的にどこかに行ってしまう存在なんです。

佐藤　しかも、「多崎つくるには向かうべき場所はない」というのをルビをつけて次のページにも出してるんですよね。反復法にしても非常にくどいんです。

斎藤　くどいんです。これを「希望」とする見方があるのかわかりませんけれども、この箇所を彼がどこか死者としての性質を帯びつつある一つの証拠として読んだんです。もちろん反証はいくらでも出てきますし、一つの見方にはできないんですけれど。

佐藤　十分成り立つんじゃないでしょうか。

斎藤　そうですか。ありがとうございます。

佐藤　それから、村上春樹というのは本読みですからね、「巡礼」という言葉を使うときは必ず、橋本治さんの『巡礼』[7]が思い浮かんでるはずなんです。先行している小説の中で話題になっているものと同じタイトルを使うことは、作家として相当抵抗があると思うんです。橋本さんの『巡礼』はゴミ屋敷の話です。

斎藤　ああ、そうでしたね。

7―**『巡礼』**（じゅんれい）橋本治著の小説。主人公の下山忠市は、戦時中に少年時代を過ごし、その後ただまっとうに生きてきたはずが、家族を失った。今は一人でゴミ屋敷に暮らし、周囲の住人たちの非難の目に晒されている。主人公がゴミ屋敷で暮らすまでの遍歴を描く。

佐藤　それこそ八八箇所の巡礼を二人でやって最後に主人公は死んでしまうんです。しかし救済の物語なんですよ。だから、「巡礼」というのがキリスト教的な巡礼でも、秩父の三四札所でも、四国の八八箇所だとしても、同じ「救済のプロセス」と言えるでしょう。

『つくる』の中に、次のような箇所が出てきます。「多崎つくるには向かうべき場所はない。それは彼の人生にとってのひとつのテーゼのようなものだった。彼には行くべき場所もないし、帰るべき場所もない。かつてそんなものがあったことはないし、今だってない。彼にとって唯一の場所は『今いる場所』だ」。過去を憂えず、未来を願わず、ただ今だけを生きる、という一昔前だったら実存主義にまで回収されちゃう表現だと思うんですけどね。

先ほど話した新宿駅の9番線も別の形で言うんだったら、「着地点」です。つくるは大学に入って東京に出てくるときに、着地点としてここに来ていたんだという読みも可能です。

斎藤　そうですね。そういった意味では駅の設計というつくるの仕事もシンボリックなものになります。

『つくる』の並行世界

斎藤　村上作品の世界設定がずいぶんと変化したとよく言われますけれども、『1Q84』のときは完全にパラレルワールド（並行世界）を確信的に使ってました。
『世界の終りとハードボイルド・ワンダーランド』『ねじまき鳥』でも並行世界の描写が少しあったと思うんですけども、『多崎つくる』はずいぶん控えめになってきてるんですよね。単純に考えるなら、並行世界は『1Q84』で極めてしまった、書き尽くしたということかもしれませんが。あるいはこの後に『1Q84』のBook4が控えているのかもしれません。

佐藤　村上さんの頭の中では、すでにBook4が形成されつつあるのかもしれません。『1Q84』のときも、作品の中であの新興宗教の教祖に「パラレルワールドじゃないんだ」とあえて言わせる。

斎藤　あえて言わせてますね。

佐藤　言わせる形でパラレルワールドを描いていたけれども、あそこで面白いのは月だと思うんですよ。

斎藤　私もそう思います。

佐藤　ある人たちには二つ目の月が見えるんだけれども、大多数の人たちには見えない。今、この瞬間この場所にパラレルワールドがあるわけです。これは仏教ではごく当たり前の考え方です。天上界の蓮の池に天女が舞っている光景も、地獄の亡者たちから見ると血の池に膿の臭いがして、銀蝿が飛んでいるように見えるわけですよね。それこそユングの世界で「心の作用」だということになるんだけれども、『多崎つくる』は心にも回収してない。

斎藤　そこと悪の問題を結びつけて言えることが多いと思うんですよね。この『多崎つくる』にしてもひょっとしたら、つくる自身がシロをレイプしてる可能性を完全には否定していません。

佐藤　完全には否定してない。本人の記憶から忘却している可能性を、完全には否定してないんです。

斎藤　つくるのような無垢に見える主人公であっても、悪の要素を秘めている。まあ、こう言ってしまうといつもの村上春樹のモチーフになってくるんですけれども。ただ、悪の描き方が本当に時代ごとにどんどん変わってきてる感じはありますね。

佐藤　「悪は確実にあるんだ」ということを手を替え品を替え示してるわけ

です。

斎藤　そうですね。震災との関連で言うと、『ねじまき鳥』や『神の子どもたちはみな踊る』は震災前ですけれども、あの辺からパラレルワールド的要素が非常に広がったという印象が強いですね。これは村上春樹だけじゃなくて、いわゆるライトノベル業界とかいろんなところで、多重世界モノがデフォルト（既定値）になってしまってる。昔は、パラレルワールドというと、ＳＦに限られた非常に特殊な世界設定だったんですけど。

佐藤　そうですね。かつて筒井康隆[8]さんもそれで大儲けしたわけですから。

斎藤　（笑）。まだジャンル小説の中という限定があったわけですけど、特に震災以降、その世界設定が当たり前の前提という状況が顕著になってきたんですよね。

村上春樹が他の多重世界モノを読んだかどうかはともかくとして、春樹自身もそれを意識したかのような小説を作りはじめる。『神の子どもたち』でも、明らかなパラレルワールドではないけれども、ある種特異な空間を描き出す傾向が出てきて、その極みが『１Ｑ８４』だったと思うんです。『つくる』ではまたそれがガラリと変わって、せいぜいほのめかしに終わってしまうんですね。

8 ― **筒井康隆**（つつい・やすたか）１９３４年～。大阪市生まれ。作家。大学卒業後、展示装飾を専門とする会社を経て、デザインスタジオを設立する一方、１９６０年ＳＦ同人誌『ＮＵＬＬ』（ヌル）を発刊。江戸川乱歩に認められて創作活動に入る。93年、マスコミの用語自主規制に抗議して「断筆宣言」をした。96年、執筆再開。代表作に『時をかける少女』『家族八景』『残像に口紅を』など。

佐藤　地震の影響があるのは間違いないでしょう。旧約聖書的な世界からすると、地震になると悪いものが全部地の底から噴き出してくるんですよ。だから、穴を掘ったら悪いことしかないに決まってる。悪いものは全部地面の下に入ってるわけですから。

斎藤　ええ。ユング(9)的に言えば、今までの悪の描き方が、それこそ深層心理的な集合無意識レベルまで下っていって相互するものだとすれば、今回はわりとPTSD（心的外傷後ストレス障害）的というか、ベタな感じが濃厚です。これも震災の影響と言えば、それまでかもしれないですが、ちょっとトーンが変わってる感じがしますね。

佐藤　ある意味で『つくる』は『1Q84』と連続性がありますよ。

斎藤　どういったところですか？

佐藤　フィンランドに行ってクロから「悪いこびとたちに捕まらないように」と言われるところとか。小人とリトル・ピープルが悪のモチーフでつながってますよね。

あと緑川が持っていた袋の中に入っていたかもしれないという、六本目の指の話です。

斎藤　まがまがしい悪の象徴的な位置づけなんでしょうかね。

9―**カール・グスタフ・ユング**　1875～1961年。スイスの精神医学者。言語連想法の実験による研究で有名となる。当初のユングは、フロイトと精神分析学の建設と発展に寄与するが、のちに訣別。分析心理学の創始者となる。集合的無意識および元型の存在を主張。著書に『無意識の心理』『心理学的類型』など。

佐藤　一二進法って何でできてるんですかね。人間の指は五本指だから一〇進法でしょ。もし人間が六本指だったら、一二進法になる。

斎藤　レクター博士[10]も六本指ですよ。悪の特性として。

佐藤　ユダヤ教だったら七が完全数であるのに対して、六は一つ足りないからものすごく悪いわけです。だから、悪魔の子・ダミアン[11]くんのひたいには六六六と書いてある。

斎藤　鬼門の数字ですね。

クロは雪女的役割

佐藤　「鶴の恩返し」でも「雪女」でもそうですけれども、女性の方から一方的な命令があって、男は約束させられる。それを破ると大体酷い目に遭うわけですよ。

斎藤　はい。

佐藤　今回、クロが雪女の役割を果たしてると思うんですよね。

斎藤　沙羅じゃなくてクロがですか？

10―**レクター博士**（レクターはかせ）ハンニバル・レクターのこと。精神科医、猟奇殺人犯。『羊たちの沈黙』をはじめ、作家トマス・ハリスの複数の作品に登場する架空の人物。

11―**ダミアン**　1976年に公開された米国の映画『オーメン』に登場する悪魔の子。6月6日午前6時に誕生し、頭に「666」のアザを持つ。

佐藤　そうです。クロがつくるに「女には秘密にしたいことがある」と、沙羅が他の男といるところを見たことは絶対に沙羅に告げてはダメだと言います。そうしたら、うまくいかなくなると。これは、啓示なんです。

斎藤　なるほど。

佐藤　つくるは、本当は男と一緒にいるところを見ていなければ、沙羅に対して「君には誰かほかに好きな人がいるのかな」なんてことは言わないわけですよね。つくるが見たことを半分隠しながら、クロとの約束を破ってるわけです。このことがどういう風に影響するのかを閉ざさず、開いた形で終わってるのが面白いと思うんですよ。

斎藤　確かに。

佐藤　あと、つくるが沙羅に電話をかける午前四時という時間帯ですね。

斎藤　そうですね。

佐藤　沙羅は「そんな時間が実際にあったことすら知らなかったな」と言う。松任谷由実(12)の歌で「午前四時の電話」というのがあるんですが、「Who are you?」で電話かけてくるのは午前四時なんです。

斎藤　(笑)。

佐藤　午前四時は何を刺激するのかなぁと。こういう人たちは午前四時じゃ

12―**松任谷由実**（まつとうや・ゆみ）1954年～。東京都生まれ。通称「ユーミン」。1972年、大学在学中に荒井由実としてシングル「返事はいらない」でデビュー。76年、音楽プロデューサーの松任谷正隆と結婚し、松任谷由実となる。代表曲に「あの日にかえりたい」「恋人がサンタクロース」「守ってあげたい」「春よ、来い」など。本名だけでなく呉田軽穂名義で他のアーティストにも多数の楽曲を提供している。

ないとダメなんですよ。

斎藤　なるほど。

佐藤　丑三つじゃダメなんです。

それからつくるがフィンランドに行ったとき、クロが「私のことをもうクロって呼ばないで」「柚木のこともシロって呼ばないで」と命令するところが面白いですね。このへんのところに神様を感じます。神様はときどき呼び名変えますから。

斎藤　つくるが「衰弱」した感じはしますか。

佐藤　全然感じません。

斎藤　そうですか。

佐藤　エネルギーを持ってる感じがします。さっきのパラレルワールドとはちょっと違うのが「駅からマンションまで一人で歩いて帰るあいだ、つくるはずっととりとめのない思いに囚われていた。時間の流れがどこかで左右に枝分かれしてしまったような奇妙な感覚があった。彼はシロのことを考え」という箇所です。ヨーロッパ圏のインテリがここを読んだら、たぶんベルクソンを想像すると思うんです。パラレルワールドじゃないんだけれども、分轄可能な時間ですよね。

斎藤　その連夜のどこかに悪が潜んでいるという「衰弱」かもしれません。

佐藤　時間の起源とともに悪も出てるんだということです。実は村上さんは非常に一神教的な世界と親和性が高い書き方をしてますよね。先ほどの巡礼もそうなんですけれども、東洋的でユング的な集合的無意識に吸収するように見せながら、やっぱり根っこにおいてはすごく一神教的世界です。

斎藤　それは感じます。そういうものがあるから、これだけ欧米でもヒットしてるということですね。

佐藤　普遍文学を目指してるんですよ。

それから、セックスにかかわりそうな表現を極小にしてます。

斎藤　今回は特にそうですね。

佐藤　これは『フィフティ・シェイズ・オブ・グレイ』(13)の逆の影響じゃないかと思ってるんです。

斎藤　そっちから行きますか（笑）。

佐藤　今は『フィフティ・シェイズ・オブ・グレイ』が一億部を超えている状況なので、ポルノが飽和してるんですよ。

斎藤　あの小説は『トワイライト』シリーズの二次創作で、読者の大半はそれまでポルノに縁がなかった主婦層と言われています。電子書籍化で大ヒッ

13―**『フィフティ・シェイズ・オブ・グレイ』**　E・L・ジェイムズ著の小説。主人公の女子大生のアナは、親友の代わりに、巨大企業の若き創業者兼CEOのクリスチャン・グレイをインタビューすることになる。アナはグレイに惹かれ、二人は急激に近づいていく。やがてグレイがアナに秘密保持義務と、彼と付き合う女性が守るべき様々なルールを差し出し、アナは苦悩する。

トしたんですね、店頭で買う恥ずかしさがないから。その『フィフティ・シェイズ・オブ・グレイ』が理由で『多崎つくる』は性描写が少ないと（笑）。

佐藤 村上さんはいろんなものをよく読んでるということです。だから、あらゆる意味で『多崎つくる』は戦略的な作品だと思いますよ。

斎藤 そうですね。

名古屋を舞台にするということ

佐藤 舞台の一つとなる名古屋っていう土地は明らかにトポス（特定の機能を持つ場所）です。つくる自身は、高校時代にできた五人のグループを基本的に「アソシエイション（結社）」と考えているわけですよ。子どもたちの勉強を見るという一つの目的意識による結社です。どうして彼が仲間から切られるかと言ったら、名古屋っていう場所を一時的に離れてしまうからです。彼ら彼女らは「アソシエイション」であり、実は「コミュニティ（地域共同体）」でもあったわけです。つくるの行動はエクスコミュニケーションですから、破門の問題が出てくるということが埋め込まれてます。

斎藤　名古屋という土地の特有性で言えば、レクサスが出てきますけれど。

佐藤　しかも、レクサスに関してはそのままパブ（広告）になってますから。

斎藤　（笑）。

佐藤　「優れた車だ。静かだし、故障もない」「自分で納得のいかないものを人に売りつけることはできないよ」と広告としてもそのまま使えますから。

斎藤　これは英訳されたら、生かされますねぇ。その他に名古屋を舞台にしたことはどういう意味があるのでしょうか。名古屋はそれこそよく言われるように〝偉大なる田舎〟で、人々の結びつきが緊密な街です。誰かが言ってましたけど、名古屋は出るのにけっこう決意がいる街と。

佐藤　それから名古屋大学っていうシンボルが非常に面白いと思うんですよ。

斎藤　そうですね。

佐藤　戦時中の駆け込みで作った帝大の一つですけれども、名古屋の中でも独特の文化圏を持ってますね。

斎藤　『1Q84』では、なぜか筑波大学が出てくるんですけれども、ほとんど筑波大学という場所の特性が生かされてなくて。主人公の天吾の出身大学が筑波大学でした。

佐藤　筑波大学の数学科ですね。

斎藤　非常に不思議な設定だったんですけれどもね。筑波大学は田舎の中に突然現れた学園都市ということで、特性を描こうと思えばいくらでも描けるはずなんですけど、そういうことはあんまり書き込んでなかった。じゃあ、どういうことで筑波大学出身だと書いたのかよくわかりません。

　これはバカバカしいヨタ話として聞いていただければいいんですけど、『1Q84』に主人公・青豆の親友で大塚環という人が出てくるんですよ。一九九〇年代、奇しくも大塚英志や僕（二人とも筑波大出身です）が村上春樹によく言及していて、ひと頃は僕のところにノーベル賞候補のコメント取材が必ず待機するような状況だったんです。彼は批評の類を「読まない」と言いながら、実は意識してるのかなと思ったりします。

佐藤　意識してるんじゃないですかね。しかし、彼女はひどい形で殺されちゃいます。

斎藤　そうなんです（笑）。

佐藤　作品の中であういう消し方は禁じ手みたいなものです。

斎藤　そういう酷い目に遭わされることは大変名誉だと思いながら、筑波大という設定もそこに結びつければ意味がわかるとも思うんです。これは非常に内輪の話でしかないので、海外向けにはほとんど意味を持ちませんが。

アカの自己啓発セミナー

佐藤　アオが面白いのはラグビーやってるところで、「われわれに決して負けはないんだ」と言う。

斎藤　（笑）。

佐藤　何だか孫崎享[14]さんとか鳩山由紀夫さんみたいです。どういう風に勝つかみたいな感じで、だんだん『阿Q正伝』[15]の世界になってきますよね。

それからアカの自己啓発セミナーも面白いですよね。

斎藤　そうですね。

佐藤　自己啓発セミナーのポイントを短いところで非常にうまくまとめてます。

斎藤　つくるとアカのやりとりがネット上で揶揄されてました。アカが「鋭

14―**孫崎享**（まごさき・うける）1943年〜。中国・奉天（当時、満州国）生まれ。元外交官。66年、東京大学法学部中退後、外務省入省。英国、旧ソ連勤務、米ハーバード大国際問題研究所研究員を経て、イラク、カナダに赴任。駐ウズベキスタン大使、外務省国際情報局局長、駐イラン大使を歴任する。防衛大学校教授を経て、2009年に外務省を退官。著書に『日本外交　現場からの証言』『戦後史の正体』など。13年3月、一般財団法人東アジア共同体研究所、理事に就任。

15―**『阿Q正伝』**（あきゅうせいでん）魯迅著の小説。1921年、中国の新聞『晨報』に発表された。辛亥革命の時代を生きる主人公・阿Qという日雇い労働の男が、ある事件をきっかけに土地を追われ、意味もわからぬまま革命に加担したとされて殺されるまでを描いた。当時の中国社会の病理を鋭く告発している。

いサーブだ。多崎つくるくんにアドヴァンテージ」とテニスのたとえで鼻持ちならないやりとりをやってますよね。

佐藤　アカの台詞で「おれたちのプログラムをまったく受け付けない人間も少なからずいる。そういう人間は二種類に分けられる。ひとつは反社会的な人間だ。英語で言うアウトキャスト。こいつらは建設的な姿勢をとるものは何によらず、頭から受け付けない」という言葉が出てきます。これは企業の研修をやったことのない人の発想ですよね。こういう人は企業に採用されないですから。

斎藤　まあね（笑）。

佐藤　他にも「『私は自分の頭でものを考えている』と思ってくれるワークフォースを育成すること」という箇所がありますが、これはもうその通りの話です。

斎藤　まあ『1Q84』がカルトの教祖だとすると、今回はそれこそ自己啓発系がある種のカルトとして描かれてます。

佐藤　アカの自己啓発系とアオのレクサスのトップセールスマンですよね。

斎藤　自己啓発系は、ネットビジネスのパロディみたいな感じで出てきてます。村上春樹はどこまで取材をして書いてるのか、あるいは本当に想像力だけで書いてるのか。後者だとしたら、なかなか大したもんだと思います。

佐藤　想像力のウェイトの方が大きいでしょう。

斎藤　そうですね。

佐藤　取材の窓はできるだけ絞ってると思います。そうじゃないと現実に引っ張られすぎるから。特に名古屋とか、トヨタとか、自己啓発セミナーとかいう具体的なものを作品に取り込むことはけっこう難しいでしょう。

斎藤　固有名詞の使い方もけっこう変わってきてると思うんですよね。昔はアメリカの小説並みにディテールまで書き込んでいた時代もあったわけですけど、最近はおざなりに済ますところもあれば、レクサスのように名前の起源まで解説しちゃったりするところがあったりします。

佐藤　それからつくるが通っているのも「東京の工科大学」という表現だけで東京工業大学という名前には絶対しません。

斎藤　そうそう（笑）。なんで『1Q84』のときは「筑波大」と書いて、『つくる』の場合は隠すんでしょうかね。どういう基準になってるかは正直わかりません。

佐藤　シロが通ったのは名古屋音楽大学でしょうね。でも、ピアノをしていたから最後は浜松に引っ張られるんでしょうか。名古屋にいるなら、普通は浜松に仕事しにいかないですよ。

斎藤　そりゃ名古屋にいますよね。わざわざ浜松は選びません。

佐藤　名古屋から浜松に移動するって異常に中途半端です。何かよっぽどの訳がない限り、浜松には行かないですよ。つくるが浜松にアパートを借りてシロをおびきよせたとしか思えない。

斎藤　しかもつくるはそれを忘れている。

佐藤　本当の悪事をやっているから忘れているんですよ。

斎藤　そんな感じですよね。

佐藤　そうなると遠藤周作が末期に書いた『スキャンダル』[16]みたいな感じになってきます。何か歌舞伎町のあたりを俺に似た人間がふらふらしてるという噂があるけれど、俺は断じてそんなところには行ってない――っていう話です。

斎藤　多重人格ものですか？

佐藤　多重人格ものです。最後は『FOCUS』[17]と思われる写真週刊誌に写真を撮られてしまうんですが、新潮社らしき出版社の幹部がもみ消してくれるという。もちろんこの小説は新潮社から出ています。

斎藤　（笑）。

16―**『スキャンダル』**　遠藤周作著の小説。キリスト教作家の主人公・勝呂は自作の授賞式で、招待客の後ろに醜く卑しい顔をした、自分に酷似した男が立っているのに気が付いた。同じ頃、勝呂が新宿・歌舞伎町の覗き部屋や六本木のSMクラブに出入りしている、という噂が流れる。キリスト教作家の醜聞を通して「悪」を追究した作品。

17―**『FOCUS』**（フォーカス）1981年10月23日に新潮社から創刊された写真週刊誌。2001年に休刊した。写真週刊誌の草分け的存在で、82年3月24日にロッキード事件の公判で被告だった田中角栄元首相を法廷内で撮影したり、97年の神戸連続児童殺傷事件で未成年の犯人の顔写真を掲載するなど話題を呼んだ。

佐藤　それで「あれは自分だったんだ」とハッと気付くんです。

斎藤　そういう多重人格とか乖離のモチーフも今回は控え目ではありますけれども、つくるに関してはまだその可能性が残されてます。つくるがある一時期のことを忘れている可能性もあるでしょうし。当然、友人から見捨てられるという大変なストレスの後では健忘が起こっていても不思議ではない。

弱まった比喩の力

斎藤　僕は、村上春樹のフィジカルなものが若干衰えてきたんじゃないかなと感じてるんです。

佐藤　でも、彼は毎朝ダッシュしてるんですよね。

斎藤　ええ、やってます。マラソンランナーとしてがんばってますよね。でも、『1Q84』ぐらいからだんだん比喩の力が弱ってきてる感じがするんです。彼は「わざと」だと言ってますけれども。『1Q84』のBook1、Book2はすごく平板な文章で、ほとんど比喩が使われてません。Book3になると急に凝った文章になってきて、それこそ、月が一つになったときの描写は、やたら凝りに凝った文章です。Ｂｏｏｋ１＆Ｂｏｏｋ２と、Ｂｏｏｋ３は別の作品じゃないかと思うくらい連続性がない。

佐藤　確かに文体が違いますよね。

斎藤　違うんですよ。『多崎つくる』を見ると、比喩はほどほどに使われてます。『１Ｑ８４』から続いてる先入観があるからかもしれませんが、ちょっと無理してないかなという感じがして。痛々しいとまでは言い過ぎだけれども。

初期の作品の、余裕がある突拍子もない比喩の感じは、正直さすがに息切れしたかなという感想があります。

佐藤　余裕はないと思います。でも、裏返して言うと、そこが面白いところで、自分の〝持ち時間〟が少なくなってきたことを意識して作られた作品なんです。末期の上原専禄[18]がそうなんだけれども、〝持ち時間〟が少なくなった人っていうのは、死者の側から見る傾向が出てくるんですよね。死者の側の方が持ち時間が長いですし、数もいますから。

斎藤　初期作品にあるジョークや、冗談めかした比喩が減ってきてるのは〝時間のなさ〟みたいなものに対する意識なんでしょうかね。

佐藤　あと、どんどん衒学《げんがく》的になってますよね。ヴォルテール[19]が出てきたり

18―**上原専禄**（うえはら・せんろく）１８９９～１９７５年。歴史学者。ウィーン大学でドプシュ教授（１８６８～１９５３年）のもとで中世史を学ぶ。戦後は新しい世界史像の形成を模索。国民文化会議議長などを務め、平和運動や教育運動を進めた。晩年は日蓮を研究。著書に『独逸中世史研究』『歴史的省察の新対象』など。

19―**ヴォルテール**　本名：フランソワ・マリ・アルーエ。１６９４～１７７８年。フランスの文学者、思想家。啓蒙思想の代表的存在。パリのブルジョアの家庭に生まれ、古典的教養を修得した後、一時は父親の希望で法律を学ぶが、まもなく文学を志す。１７１７年、摂政オルレアン公を風刺した詩を書いたことでバスティーユ監獄に約１年投獄される。理性と自由を掲げて専制政治と教会を批判、狂信や不正裁判と激しく闘った。著書に『哲学書簡』『カンディード』『寛容論』など。

とかね。音楽の使い方も衒学的です。

斎藤　『１Ｑ８４』でヤナーチェック[20]が大評判になったのをどの程度踏まえてやってるのかが気になるところではありますけど。実際にＣＤが売れちゃうんですから（笑）。

佐藤　ヤナーチェックは、ジュリエット・ビノシュが出演したハリウッド映画の『存在の耐えられない軽さ』[21]と関係してるんじゃないでしょうか。ヤナーチェックの曲がメインとなった映画はあれぐらいしかありません。原作のクンデラがもともとヤナーチェック音楽院の出身だからヤナーチェックを引っ張ってきたんです。

斎藤　関係あるんですね。

佐藤　村上さんはクンデラの原作も読んでるんでしょう。彼は翻訳を含めて非常にたくさんのヨーロッパの小説を深く読んでると思うんです。

斎藤　それはそうでしょうね。

佐藤　やっぱり灰田やピアニストの使い方が、欧米人が読んで日本っていう所にエキゾチズムを感じるような書き方をしてますね。ピアニストのエピソードは温泉地が舞台ですが、欧米人は基本的に温泉にあんまり入りません。

20─**レオシュ・ヤナーチェック**　１８５４～１９２８年。チェコスロヴァキア出身。作曲家。民族色の強い楽曲が特徴。１９１９年、プラハ音楽院のブルノ分校を発足させ、自ら作曲を教えた。生涯の大部分をチェコの東部に位置するモラヴィア地方の都市ブルノで過ごした。村上春樹の『１Ｑ８４』にはヤナーチェクの『シンフォニエッタ』が登場した。代表曲に管弦楽曲『タラス・ブーリバ』など。

21─**『存在の耐えられない軽さ』**（そんざいのたえられないかるさ）ミラン・クンデラ著の小説。チェコ出身の著者がパリ亡命時に上梓した。１９６８年の「プラハの春」とその凋落の時代を背景に、優秀な外科医トマーシュ、田舎に住むテレザ、奔放な画家サビナが辿る、愛の悲劇を描く。88年、米国でフィリップ・カウフマン監督のもと映画化された。

斎藤　水着を着て入るかですね。

佐藤　ええ。それからどっちかって言うと、温泉地は保養というより療養というイメージが強くなります。こういう日本の読者と欧米の読者のズレも、村上さんは計算してますね。

斎藤　確かにあの件《くだり》は亜空間というか、別の次元の話という感じですね。

佐藤　パラレルワールドじゃないんだけれども、異次元空間です。

斎藤　無時間的な空間という風です。

佐藤　まさに無時間的な空間だから、描くことで構造ができてくるわけです。

斎藤　はい。まあ、ラグビー部員を出して、自己啓発系を出してるにもかかわらず、相変わらずヤンキー的なものが全然出てきません。『アフターダーク』のときに少しだけヤンキー性みたいなものが露呈したことがあるんですけど、それ以外の作品では相変わらずほとんど感じません。

佐藤　『多崎つくる』は文芸書としては史上最速で一〇〇万部刷られたわけですが、買った人の中でどれくらいの人が実際に読んでるでしょうか。

斎藤　たとえば昔売れた『ソフィーの世界』(22)に比べれば、大多数の人が読んでるでしょう。実際、『多崎つくる』のリーダビリティ（読みやすさ）は高

22—**『ソフィーの世界』**（そふぃーのせかい）ヨースタイン・ゴルデル（Jostein Gaarder）著の小説。世界各国の言語に翻訳され、世界的なベストセラーとなった。ある日、主人公で14歳の少女・ソフィーのもとへ消印も差出人の名前もない1通の手紙が来た。そこにはたった1行、『あなたはだれ』と書かれていた。その日からソフィーの周りでは奇妙な出来事が次々と起こり始めた。

いと思います。見栄で買っているというよりは、けっこう楽しんで読んでる層が多いんじゃないですか。

なぜ河合隼雄と親密か

斎藤　そこでちょっと気になるのが、二〇一三年五月に京都で行なわれた村上春樹の講演でもしきりに言及された河合隼雄[23]との関係性です。河合隼雄はユンギアン[24]（ユング派）ですよね。ユンギアンというと基本的にオカルトとの親和性が高い割には、日本の心理学業界ではけっこう一大勢力です。

佐藤　関西の一部で強いですよね。

斎藤　ものすごく強い。河合隼雄さんは文化庁長官になって、臨床心理士を国家資格にするっていう運動をすごくがんばって、在任中は叶いませんでしたが、臨床心理士をスクールカウンセラーとして教育現場に約五五〇〇人導入しました。臨床心理士の糊口を凌ぐために職能分野を拡大したという、すごい功績はあるんですけれども、一方では『心のノート』[25]を作って、管理教育の強化につながるという批判もありました。

23―**河合隼雄**（かわい・はやお）1928～2007年。兵庫県生まれ。心理学者。日本におけるユング派心理学の第一人者。2002年から文化庁長官を務めた（06年に休職し、07年に任期切れで退任）。日本人の精神構造を考察し続け、物語世界にも造詣が深かった。著書に『昔話と日本人の心』『明恵 夢を生きる』など。

24―**ユンギアン（ユング派）**（ゆんぎあん〈ゆんぐは〉）カール・グスタフ・ユングが創始した深層心理学理論。「集合的無意識」の存在を提唱した。個人の心は自我がその中心としてある意識と、無意識に二分され、さらに無意識を個人的無意識と集合的無意識に分けた。

25―**『心のノート』**（こころののーと）日本の小中学生全員に配布される道徳の副教材。児童や生徒が道徳的価値について自ら考え、実際に行動できる人間になることを狙いとして作成された。民主党政権時は事業仕分けで予算が削られ配布がやめられていたが、自民・公明党に政権がうつったことで復活した。

　ただ、村上さんがあれだけ河合隼雄に入れ込むのは、われわれ業界の視点からすると、ちょっと奇異に見えるところもあるんです。

佐藤　私は河合隼雄っていう人はあんまり面白いと思わない。

斎藤　臨床能力はすごく高い人だったことは間違いありませんが、理論家としてどうかと言われれば、私もそんなに面白いと思わないですね（笑）。

佐藤　それから、本当にユング派なのかなぁ。

斎藤　いやいや、ユング派分析家の資格を最初に取得した日本人ですから。日本のユング派の第一人者です（笑）。

佐藤　実は河合さんと同じ時期にユング派の臨床家の資格を取った人に、樋口和彦[26]さんがいるんですね。この人は同志社大学神学部の教授だった人です。

斎藤　私はお名前を存じ上げませんが、そうですか。

佐藤　私が同志社大学神学部に入るときの面接担当の先生です。私はこの人の影響をある程度受けているから、ユング派に関心を持つとともに、仏教の唯識[27]の勉強をしたんですよ。

　ユング派だったら、『心のノート』がたいした効果がないということはよくわかってるはずなのに。薬をちゃんと飲ませないで、カウンセリングだけ

26―**樋口和彦**（ひぐち・かずひこ）1927～2013年。神奈川県生まれ。ユング派精神分析家、臨床心理士。同志社大学神学部で36年間教鞭を執る。京都文教大学学長、日本いのちの電話連盟理事長、日本ユング心理学会会長などを務めた。著書に『ユング心理学の世界』『聖なる愚者』など。

27―**唯識**（ゆいしき）あらゆる存在は、五種の感覚（視覚、聴覚、嗅覚、味覚、触覚）、意識、二層の無意識の八つから成り立っているという大乗仏教の考え。

で治すというのは、大ウソの話です。薬をちゃんと飲んでもらわないと困るわけですから。

斎藤　もちろん河合さんは「箱庭療法」(28)を導入したりとか、功績は多々ありますけれども、おっしゃる通り、そんなにご本人の主張がユング学に沿ってるとも言えないところもあります。

佐藤　ある時点から「政治家」ですよね。

斎藤　非常に政治的です。

佐藤　世の中を箱庭と見立てて、そこに砂をかけたり、ウルトラマンの基地としてウルトラマンを埋めたりとかするわけです。

斎藤　ひと頃はあれだけソシオグラム（集団の中の人間関係を図表化したもの）を連発して、影響力は多大なものがありました。彼を「俗流」とするのは言い過ぎなところもあります。

日本にユングを導入したという点では功績は少なからずありますから、偉い人ではあるんですけれども、ただ村上さんが、いろんな人がいる中で、とりわけ河合隼雄というのは……うーん。

佐藤　河合さんも村上さんの商品価値にいち早く気がついて、カチッと囲っちゃったわけでしょう。

28 ― **箱庭療法**（はこにわりょうほう）セラピストが見守る中、依頼者（クライエント）が砂の入った箱の中にミニチュア玩具を置き、砂自体を使って、自由に何かを表現したりすることを通して行なう心理療法。

斎藤　(笑)。そうかもしれませんね。

佐藤　それで、河合さんが村上さんの言ってることを後付けで説明すると、それで村上さんは沈黙する。村上さんはたぶん文芸批評家が嫌いなんですよ。

斎藤　もうそれはそうです。

佐藤　文芸批評家もNHKも嫌いなんですよ。

斎藤　そうですね。

佐藤　それなのに出ざるを得ない状況にある。物を作る力のある人は、説明してくれる人が必要なんですよね。その場所にうまく河合さんが座ったっていうことじゃないでしょうか。

斎藤　まあ、説明者として批判はしないし、深読みしてくれるし。特にユング的読みを当てはめれば、というか、ユング的読みっていうのはけっこう何でも当てはまるところがあって。

佐藤　それは当てはまりますよ。さらにユング的読みよりもっと当てはまるのは、唯識の世界に持っていくことですね。

斎藤　(笑)。

佐藤　唯識の世界だったら、根っこのところでアビダルマを使ってますから、釣り鐘と提灯の関係性を説明できるわけですよね。無関係という関係があると。この類の論理の組み立てなら唯識を少し勉強すれば、誰だってできますよ。

斎藤　一九九〇年代以降、ちょうど日本は心理主義ブームが席巻しましたので、そういった意味では河合さんがユンギアン的な立場からいろいろ改善してくれたのは、時代とシンクロしたところもあるでしょう。

村上さんは講演では「河合先生は自分に影響を与えた唯一の日本人」的な言い方をしてますから。

佐藤　過剰な発言をするということは逆に、何らかの大きな抵抗があるんでしょう。

ユング派っていうのは本当にインチキ臭いですよ。登校拒否の子どもがいたら、母親に対して「お母さん、それはお母さんに問題があるんじゃないですか。お母さんの力があまりに強いんで、家から出られないんですね」とか言う。それを聞いたら、母親は半分くらいそうだと信じちゃいますもんね。

斎藤　その言い回しはユング派以外でもよく使われる言い回しではありますけれどもね。まあ、でもユング派が言いそうなことではあります。

佐藤　箱庭心理セラピストの資格だって、合格にはどういう基準があるのでしょうか。だいたい箱庭療法を受ける人間は箱庭に関するパターンを読んでから行きますから。

斎藤 今は心理主義化が進んでますから、箱庭心理セラピストの資格にしても、あらかじめテストの答えを知った上で受けるということです。

佐藤 模擬試験を受けた上でということですね。

斎藤 もはや純粋な答えは出てきません。

佐藤 ウルトラマンは箱の外に置くとか、砂をひっくり返すとか、最近みんながよくやりますからね。そういう風にしてできるだけ分析不能に持っていこうとしている。

斎藤 解読の仕方もアイテムも多いですし。

佐藤 ユング派は商売にいいですよね。要するに金をきちんと取らないといけないんだと。

斎藤 精神分析、基本はそうですから（笑）。

佐藤 そうじゃないと依存関係ができるからよろしくないということですね。

斎藤 フロイト以降、とにかく金は取らなきゃダメなものということになってます。

佐藤　それで相手の姿を見てどれぐらい取れるかというギリギリのところというのが、一番のウリですからね。

斎藤　もともとセレブ向けのサービスですから、やむを得ないところもありますが。物語を作るとしたら、やっぱりユンギアンでしょうね。村上春樹がユンギアン寄りになるのは仕方ないにしても、ここまで距離を明確にして「河合隼雄満載」というのはどうなのかという気もするんです。

佐藤　あんまり気にしてないいんじゃないんですか。村上さんは学者的な細かいことに関心がないでしょうから。

斎藤　まあ、河合隼雄の本は読んでないって言ってますからね。「キャラクターとしての河合隼雄」が好きという感じでしょうか。

佐藤　あと、河合隼雄の『猫だましい』[29]っていう本がありますよね。

斎藤　題名しか知らないけど、ありますね。

佐藤　実は事実上、村上春樹との共作なんですよ。

斎藤　対話集はありますけれど、それとは別ですか？

佐藤　対話集とは別です。『猫だましい』を読むと明らかに河合隼雄さんは村上さんのことを揶揄してます。

斎藤　名前が出てくるんですか？

29―**『猫だましい』**（ねこだましい）河合隼雄著のエッセイ。大のネコ好きである著者が、古今東西の猫物語の中から、「長靴をはいた猫」「空飛び猫」「鍋島の化け猫」「100万回生きたねこ」などを分析した。

佐藤　名前が出てきます。「空飛び猫」という章です。『猫だましい』って言葉は、猫に魂があるということと、子どもだましの猫だましと、あと大和魂にかけてるんだって考えてますけどね。

斎藤　河合隼雄はダジャレ好きですから、そういうことじゃないですかね。

文芸批評の影響力

佐藤　村上さんの強さっていうのは本読みであることですよ。最近は小説家でも、無知蒙昧を逆に誇るような人が多いですからね。

斎藤　まあ、アウトサイダー的な人が喜ばれる状況ですから。

佐藤　本当なら、インサイダーがいて、アウトサイダーがいる。

斎藤　そうです。いまはインサイダーなしのアウトサイダー。

佐藤　それは何もないのと一緒ですからね。

斎藤　村上春樹は大江健三郎[30]とはまた別の意味でブッキッシュ（本好き）な人ではありますよね。確かにその強みはあります。

佐藤　そう思います。しかし、日本では文芸批評家の「読み」っていうのが、

30―**大江健三郎**（おおえ・けんざぶろう）1935年〜。愛媛県生まれ。作家。東京大学在学中の1958年、『飼育』で当時としては史上最年少で芥川賞を受賞した。94年にノーベル文学賞を受賞。著書に『万延元年のフットボール』『新しい人よ眼ざめよ』『水死』『ヒロシマ・ノート』『沖縄ノート』など。「九条の会」「さようなら原発1000万人アクション」の呼びかけ人を務める。

本当に影響を与えなくなりましたね。

斎藤　それは痛感します。むしろ爆笑問題とかの「読み」の方が影響力を持ったりしますから。

佐藤　そう思うんですよ。

斎藤　ある程度の影響力が発揮できたのは福田和也さんぐらいまでじゃないですかね。彼の『作家の値うち』は批評書としては珍しくよく読まれました。どんどん小粒化してるっていうのは事実としてあると思うんです。

佐藤　だから、みんな橋下徹さんになかなか勝てないんですよね。

斎藤　そうなんですよ。

佐藤　『多崎つくる』は英語に訳されてから別のインパクトが出てくると思います。

斎藤　英語になるとまったく違うでしょう。翻訳は非常に読まれそうです。

佐藤　読み方がまったく違ってくるでしょうね。さらに翻訳されるのは非常に早いと思う。そして、ノーベル賞の候補にいずれまた入ってということになるでしょう。

斎藤　ええ。

佐藤　ただ、ノーベル賞よりも国際ブッカー賞[31]（英国）の方が向いてる気が

31―**国際ブッカー賞**（こくさいぶっかーしょう）世界的に権威のある文学賞の一つである英国のブッカー賞の国際版。２００５年設立。英語または英語に翻訳されたフィクションが対象。２年ごとに選出されている。

する。

斎藤　そうですか。日本では今回の『多崎つくる』に関しては、「これだ」という批評がほとんどなかったに等しいです。

佐藤　よく消化できてない印象がありますね。

斎藤　感覚的な印象で「つまらない」と言ってしまう。

佐藤　最近は村上春樹さんに関しては、叩く方が仕事になるっていう雰囲気がありますから。

斎藤　若手評論家は、村上春樹をどう叩くかが腕の見せ所みたいに考えてるところがあります。

佐藤　ＡＫＢ48は誉めて村上春樹を叩く人もいますし。

斎藤　宇野常寛さんですね。うかつに誉めると舐められる感じがあるのかもしれません。村上春樹に関しては読みのコンテクスト（文脈）ができあがっちゃっている感じですから、日本では誉めづらい風潮がますます強まっていくでしょう。

佐藤　すなわちそれは、村上春樹を論じることのできる力量のある人が減ってるということだと思うんです。

斎藤　ゼロ年代以降、批評家はアニメやドラマなどサブカルも論じる「何でも屋」でなければならないといういささか強迫的な状況が出てきて、小説だけ読んでいればいいっていう人はほとんどいません。

佐藤 要するに二兎を追えなくなってきてると。

斎藤 ええ、そうなんですよ。

佐藤 それだから、こっちに仕事がまわってくるからいいんですけど。

斎藤 (笑)。文芸批評が力を持たなくなったっていうのはおっしゃる通りだと思います。文芸自体読まれているか、という問題もありますけれど。

佐藤 読まれてないでしょうね。

斎藤 特権的な村上春樹とかを除けば、どれだけ読まれているでしょうか。それこそ実売数千部の文芸誌が作家を保護している状況でしょう。それこそ大塚英志が「不良債権としての『文学』」で身も蓋もなく指摘した構図がずっと続いている。もっとも僕自身は、こういうやり方しかないだろうな、と思うところはありますが。

佐藤 「文芸誌」というよりはもはや「生産誌」です。文芸誌や小説誌があるかぎりは小説家は〆切りを守りますから。やっぱり電子になると落としても白いページを作るわけではないですから、〆切りを守らないですよ。別に人に迷惑かけるわけじゃないって、作家の論理が出てきますからね。

佐藤　アメリカで『多崎つくる』はどれくらいウケるでしょうか。アメリカ人からすると、この作品は衒学的すぎるかもしれません。ヨーロッパでの裾野は比較的広くなりそうな気がします。とは言っても知識人に限られるでしょうけどね。

斎藤　アジアでも受容のコンテクストができあがっちゃってますから、けっこう広く読まれそうですね。アメリカでは確かに難しいかなぁ。

佐藤　ドイツやロシアでも翻訳はすぐにされるんですよ。ただ、部数は少ない。ロシアでは刷り部数は七〇〇〇～八〇〇〇部くらいで重版はかかりません。

斎藤　この宙づり的なラストは、アメリカウケはしなさそうです。アメリカ人だったら、ラストを書き換えちゃいますね。沙羅とセックスしておしまい、みたいな感じ（笑）。

佐藤　そっちの方がアメリカ人的ですね。「やっぱりあなたを選ぶ」となって終わる。

斎藤　そして映画化へという感じでね。村上春樹の作品は、意外と映画化に馴染みがありません。映画化しても失敗作になるとか。『ノルウェイの森』は外国人が映画化して、一部で非常にウケましたけれども、あれぐらいでしょう。あと成功したのは『風の歌を聴け』でしょうか。作品に映像的要素がないとは言えないけど、世界観が複雑だし、悪のイメージを映画で表現するのは難しいのかもしれません。

佐藤　『曽根崎心中』[32]なんかも一緒ですよね。いろんな関係性の中から悪が出てくる。

斎藤　個人に所属する悪とは違うものですね。

佐藤　そうそう、構造悪です。それで個人に所属してる悪の要素が加速したりするんです。

どこの業界も若手を潰してきた

斎藤　今出てる本でも、影響の大きいものはありますけど、ただその影響のあり方がいわゆる人文学的な方向じゃなくて、むしろライトノベル的な方向での影響力になっちゃってます。ですから、人文学的にちゃんと継承していく作家がほとんどいないということは、村上春樹の一人勝ち状況が続いてしまうということでしょう。

32 ―**『曽根崎心中』**（そねさきしんじゅう）近松門左衛門（1653〜1724年）作の人形浄瑠璃義太夫節。1703年、大阪・竹本座で初演。大阪・曽根崎で起きた遊女・お初と醤油屋・徳兵衛の心中事件を題材にした物語。のちに歌舞伎の演目にもなり、映画化もされた。

佐藤　たぶんそうなんでしょうね。

斎藤　Windows95の発売日みたいな感じで、新作の発売をカウントダウンするような作家はさすがにもう出てこないでしょう。小説以外でも、あそこまでの影響力のある人がいるかどうかです。

佐藤　現象化できる人がいませんね。

斎藤　音楽業界ですらいないでしょう。ＡＫＢがやると言ったって、さすがにそこまでの力はありません。一人が同じＣＤをいっぱい買うから一〇〇万枚以上の売り上げになっているでしょうから。

佐藤　いきものがかりだったらどうでしょう。

斎藤　カウントダウンしますかね。

編集部　サザンオールスターズ(33)は違いますか？

斎藤　ああ、ちょっとありそうですね。サザンは休止期間があって飢餓感もありましたから。

佐藤　あるかもしれません。

斎藤　でも大体あの世代なんですよね。音楽業界も世代移行ができていない。

佐藤　松任谷由実さんもいますね。

33―**サザンオールスターズ**　ロックバンド。現在のメンバーは桑田佳祐、関口和之、松田弘、原由子、野沢秀行。1978年6月25日にシングル「勝手にシンドバッド」でデビュー。2000年、「TSUNAMI」で第42回日本レコード大賞を受賞した。08年8月のライブ後、無期限活動休止期間に入る。デビュー35周年を迎えた13年に復活した。代表曲に「いとしのエリー」「真夏の果実」「涙のキッス」「LOVE AFFAIR～秘密のデート～」など。

斎藤　彼女は『風立ちぬ』[34]で主題歌に使われて少し息を吹き返したんじゃないでしょうか。しかしあれは荒井由実時代の曲です。ジブリで使われるのがみんな荒井由実時代の歌ばっかりだから、ちょっとかわいそうな気もするんだけど。まあ映画に嵌《はま》ってるからよしとせざるを得ないかな。彼女も心中複雑だと思います。おそらく新曲を作らせろと言いたいところでしょう。

佐藤　彼女も最近はベストアルバムを作って自発的に出してますから。

斎藤　集客力は減ったと思いますけれども、バブル期にはじけた人々の力はまだまだ強いですよ。

佐藤　それはそうですね。美空ひばりの神通力がもう通じなくなってきてますから、サザンとユーミンあたりに行くんでしょうね。

斎藤　中島みゆき[35]も強いです。

佐藤　根強い人気がありますね。

斎藤　もうコアなファンが離しません。団塊はほとんど好きなんじゃないですか。また偏見とか言われそうだけれども（笑）。

佐藤　カルトに近いところがありますよね。

斎藤　巫女ですよ、巫女。ああいう憑《つ》き物系が一定の人気を集めるという風土はずっとありますから、強いですよ。

34—**『風立ちぬ』**（かぜたちぬ）2013年公開の長編アニメ映画。監督は宮崎駿。零戦設計者の堀越二郎と、作家の堀辰雄をモデルにした「堀越二郎」を主人公にした作品。それまでファンタジーアニメを生み出してきた宮崎監督が、初めての実在の人物を描いたことでも知られる。同年8月、宮崎監督の長編アニメ映画からの「引退」が発表され、翌月には東京都内で会見が開かれた。

35—**中島みゆき**（なかじま・みゆき）1952年〜。北海道生まれ。シンガーソングライター。1975年「アザミ嬢のララバイ」でデビュー。小説やエッセイなども発表し、幅広く活動している。日本において、70年代（「わかれうた」）、80年代（「悪女」）、90年代（「空と君のあいだに」「旅人のうた」）、2000年代（「地上の星」）と4つの年代でチャート1位に輝いた唯一のアーティスト。

佐藤　私は神学部の大学院までは中島みゆきをよく聴いてましたけどね。

斎藤　ファンだったんですか？

佐藤　私だけでなく神学生はみんな好きでしたね。役所に入ってからはユーミンを聴くようになりました。

斎藤　かなりの転向ですね（笑）。どういう心境だったんですか。

佐藤　よくわかんないけど、周囲の影響を受けやすいんですよ。

斎藤　意外なところが（笑）。私はどうも松任谷由実は……。中島みゆきもどちらもとうとうろくに聴かずに来ちゃいました。私は洋楽原理主義なので、お二人のような個性的すぎるボーカルは苦手なんです。うっすらと表層でしか知りません。

佐藤　松任谷由実はロシア語の勉強にいいですよ。

斎藤　そうなんですか。

佐藤　『シャングリア』の1、2、3ってロシア語がものすごい出てきますから。ステージのためにロシアのサーカスとシンクロナイズドスイミングや新体操の選手をかなりお金をかけて雇ってるんです。

斎藤　そういうことをする人だったんだ（笑）。

佐藤　ＤＶＤにコンサートとそれができるプロセスの両方が入ってるんです

よ。できるプロセスの内容は、三分の二ぐらいがロシア語です。それに少しずれた字幕がついてるんで、ロシア語の勉強にはいいですよ。

斎藤 演出用にサーカスを雇うなんて一番バブルだったころの話ですか。

佐藤 バブルの直後ぐらいです。彼女は持ってるお金をそれで相当はき出したんじゃないかな。このパフォーマンスは絶対ペイしないです。

斎藤 プロモーションビデオもサーカスやシンクロナイズドスイミングの選手を起用して作らせたんですよね。

佐藤 そのDVDに舞台裏が写ってるのは面白いですよ。やっぱりご主人がすごい力があるんだっていうのがよくわかります。

斎藤 正隆さんですね。

佐藤 「由実さんはこれやって」っていう感じが出てますから。

斎藤 あの人は陰謀家ですよね(笑)。

佐藤 秋元さんとは違いますね。

斎藤 秋元さんが出過ぎな感じもしますけど、正隆さんは露出しない本物の陰謀家でしょう。最近はきゃりーぱみゅぱみゅとかをプロデュースしてる中田ヤスタカが出てきたって言っても、あの世代がいまだに音楽業界で力を持ってること自体が新陳代謝ができていない証拠です。

佐藤　それは若い奴をちゃんと潰していくからです。ロシア政治専門家の世界と同じです。

斎藤　ちゃんと潰したら困るじゃないですか（笑）。

第三章
『風立ちぬ』の「ふやけたファシズム」

『風立ちぬ』

監督:宮崎駿　制作:スタジオジブリ

零戦設計者の堀越二郎と、作家の堀辰雄をモデルにした
「堀越二郎」が主人公の作品。
幼い頃から飛行機に憧れていた二郎は、
幾度となく夢の中で、イタリアの飛行機製作者のカプローニと交流し、
設計者となる。あるとき軽井沢で休暇を過ごしていた二郎は、
結核を患う菜穂子と恋に落ち結婚する。
菜穂子の病状が悪化していく中、
二郎は九試単座戦闘機の設計に注力する。
本作品は、ファンタジーアニメを生み出してきた宮崎監督が、
初めて実在の人物を描いたことでも知られている。

佐藤　僕が『風立ちぬ』に関心を持ったのは魚住昭さんと話したときです。魚住さんは「素晴らしい映画」と言って。一緒に映画を観に行った周りの子たちは、菜穂子がサナトリウムに行くときにポロポロ涙を流したそうです。だから私が「魚住さん、変わりましたね」と指摘したんです。「ひと昔前の魚住さんだったら、『これ、殺人兵器だ』って言って、ひと暴れしたんじゃないんですか」と。それで、魚住さんはハッとびっくりして、そのあと『週刊現代』での連載を書き直してました。「友人から指摘を受けたんだけど、『いい映画だ』っていうのを撤回」って。

斎藤　おやおや（笑）。

佐藤　私は『風立ちぬ』を政治的に観てるわけではないんですよ。

斎藤　僕の意見はおいおい述べますけれども、まず精神科医として、『風立ちぬ』が世間にどう受容されたのかっていうところから、切り込みたいわけなんです。

とりあえずクリエイターは絶賛でした。富野由悠季[1]から細田守[2]まで。宮崎アニメでこれほど他のアニメーターが絶賛したケースは稀じゃないかと思うくらいです。富野さんなんかはけっこうファシズム的な文脈にも敏感な人なので、『風立ちぬ』のファシズム的な要素を見逃すはずはないと思うんです

1｜**富野由悠季**（とみの・よしゆき）1941年～。神奈川県生まれ。アニメーション監督、小説家。日本大学芸術学部映画学科卒業後、虫プロダクション勤務。その後、『機動戦士ガンダム』シリーズ『伝説巨神イデオン』など、数多くのオリジナルアニメの原作・総監督を務める。また、斧谷稔の名義で絵コンテ、井荻麟の名義で作詞も手がける。著書に『富野に訊け!!』『映像の原則』など。

2｜**細田守**（ほそだ・まもる）1967年～。富山県生まれ。アニメーション監督。1991年、東映映画（後の東映アニメーション）に入社。2000年、宮崎駿より『ハウルの動く城』の監督に選ばれ、スタジオジブリに出向。しかし、製作途中で企画そのものが中止となり、宮崎駿に監督が変更され、04年に公開された。主な作品に『時をかける少女』『サマーウォーズ』『おおかみこどもの雨と雪』など。

3｜**『フレーム憑き』**（ふれーむつき）斎藤環著で2004年に青土社から刊行された。映画・アニメ・漫画などの視覚表現に現れた隠喩構造の変容を、精神分析理論と臨床経験をもとに読み解く。宮崎アニメについては第3部で触れている。

けれども、あんまりそのへんについては触れていません。ただ一〇年ぐらい前、僕が書いた『フレーム憑き』(3)でジブリアニメが一貫してファシズムとの親和性が高いことを指摘しました。生命主義的ファシズムということです。『「生命」で読む日本近代—大正生命主義の誕生と展開』（ＮＨＫブックス）を書かれた鈴木貞美《さだみ》さんによれば、宮沢賢治(4)は大正生命主義の影響を深く受けていた。生命主義を私なりの理解でごく簡略に説明すれば「この世界を、ただ一つの生命の多様な現れとして理解する」思想のことです。鈴木さんが指摘するように、この生命主義もまた、ファシズムに親和性が高い。それに宮崎駿ははっきりとは書いてないけれど、宮沢賢治ファンであることは間違いありません。

佐藤　斎藤先生(5)が『キネマ旬報』で書いておられたように田中智学(6)につながっていくわけですね。

斎藤　生命主義というのは、国柱会の仏教ファシズム系につながっていくという点からいっても、ファシズムと非常に親和性が高いです。

宮崎アニメは、そのことが一番美麗な形で表現されたものじゃないかというのが僕の考えなんです。そのことは今回の『風立ちぬ』でも全開でしたね。それから劇中では、カプローニ(7)を紹介するところで、まるで「未来派(8)」

4｜**宮沢賢治**（みやざわ・けんじ）１８９６〜１９３３年。岩手県生まれ。作家・運動家。『銀河鉄道の夜』『注文の多い料理店』『セロ弾きのゴーシュ』などの小説のほか、『春と修羅』などの詩もある。また、『農民芸術概論綱要』という、思想面での総決算的な散文もある。博物学にも精通していた。遺言は、法華経を１０００部、友人たちに配布してほしい、というものだった。そのうち１部は石原莞爾の手に渡った。

5｜**斎藤先生の『キネマ旬報』の論考**　斎藤環が『キネマ旬報』２０１３年９月上旬号の連載コラム「映画のまなざし転移」で「〝少女〟は〝零戦〟よりも美しい」と題し、映画『風立ちぬ』を取り上げた。『風立ちぬ』の美的暴力や宮崎駿監督のロリコン性について論じている。

みたいに形容していましたが、これも露骨なサインです。「未来派」という言葉は、とうぜんマリネッティの『未来派宣言』に直結しています。「未来派」は、ファシズム的なコンテクストに容易に結びつく危険を秘めています。『風立ちぬ』の原作の冒頭にも「未来派」って出てくるんですよ。誤用で使ってましたけど。この言葉を使っていること自体、宮崎駿は本当に確信的に映画を作っている感じを非常に強く受けました。

佐藤　斎藤先生がおっしゃるように、美と戦争を結びつけたらその瞬間、本当にファシズムになりますからね。

斎藤　ええ。

百田尚樹とは位相が違う

斎藤　ただ、ここで区別していただきたいのは、『永遠の0《ゼロ》』を書いた百田尚樹です。あの作品もいろんな見方があると思いますけれども、否定する流れで見るとき、『風立ちぬ』を『永遠の0』と同じロジックで否定するのか、もしくは、ここで敢えて区分を設けるのか、という話になるわけです。佐藤

6｜**田中智学**（たなか・ちがく）1861～1939年。江戸（現在の東京都）生まれ。思想家・活動家。1884年、「純正日蓮主義」を掲げた在家仏教の教団・立正安国会を、1914年、それを全国的に統合した国柱会を設立。「国柱」は、日蓮の言葉「われ日本の柱とならん」を語源とする。宮沢賢治も石原莞爾も、田中に影響を受けた国柱会員だった。田中の影響は、財界、医学界、演劇界などにもおよんだ。著作に『日蓮聖人の教義』『日本国体の研究』『日蓮主義教学大観』など。

7｜**ジョヴァンニ・バッチスタ・カプローニ**　1886～1957年。イタリアの航空技術者。航空機・自動車・オートバイメーカーのカプロニの創業者。イタリア初の実用航空機を設計、製造。1914年にはイタリア初となる全動力式航空機を試験した。第一次世界大戦以降は爆撃機の設計・製造に尽力した。戦後は飛行機の旅客化を推進。2013年、カプローニの孫が、『風立ちぬ』が上映された第70回ベネツィア国際映画祭に駆けつけた。

さんは百田さんの作品はどうご覧になりましたか？

佐藤　関心ないですね。

斎藤　関心ない（笑）。

佐藤　関心ない、というか時間の無駄だと思うから読んでいません（佐藤註：その後、必要に迫られて読んだ）。

斎藤　ほぼ同感ですが、研究対象としては興味深いと思いませんか（笑）。

佐藤　彼の出光礼賛本も四分の一も読まないうちに退屈になって、その先を読みませんでした。

斎藤　退屈らしいですね。なぜああいう退屈な〝資料本〟が二六〇万部も売れたのかっていう疑問もあるわけなんですけれども。

佐藤　戦前においてもくだらない本はいくらでも売れてますから。

斎藤　（笑）。私は、どういうくだらなさが受けるかっていうことに興味があるんです。なぜ、このくだらなさが受けて、このくだらなさが受けなかったかということが。しかも、本屋大賞っていったら、それなりの目利きが選ぶはずなんですけど、あの作品が受賞したことは不思議な話です。

佐藤　今、世間はああいう物語がほしいんでしょう。

斎藤　ほしいんですよね。単純に言えば僕は、百田さんは非常に無邪気で、

8—**未来派**（みらいは）1910年代から20年代にかけて、イタリアで起こった芸術運動。過去の芸術の破壊、未来の芸術の創造を意図した前衛的なもの。1909年、詩人・マリネッティの『未来派宣言』に端を発している。破壊を美とするファシズムと結びつき、戦争を「世の中を衛生的にする唯一の方法」として賛美した。

宮崎駿は——。

佐藤　確信犯的だと思う。

斎藤　そうです。「確信犯的な老獪《ろうかい》」だと思うんですよ。

佐藤　百田さんはインテリじゃないですから。

斎藤　一刀両断だ（笑）。

佐藤　宮崎駿さんはインテリですから。『風立ちぬ』と『永遠の0』は全然位相が違う話ですよ。

斎藤　位相が違いますか？

佐藤　ええ。

斎藤　ただ、作品の受容層から見たら、二つが同じに見える人もいるわけです。百田さん自身も完全に混同してますよね。(9)『風立ちぬ』について、「このアニメは素晴らしい」と言って絶賛してますから。一方、宮崎さんは『CUT』二〇一三年九月号のインタビューで名前こそ出してないけれども、間違いなく『永遠の0』のことだと思われる映画の名前を出して、「くだらない」と言っていました。

佐藤　「一緒にしないでくれ」と。

斎藤　そうです、そうです。

9｜**百田尚樹さんの宮崎駿監督への批判**　本対談後の2014年11月15日、百田尚樹がテレビ番組「たかじんNOマネー　BLACK」（テレビ大阪系列）に出演した際に、宮崎駿を批判。宮崎が『CUT』で映画『永遠の0』（原作：百田尚樹）について、具体的な名前は出さなかったものの、「今、零戦の映画企画があるらしいですけど、それは嘘八百を書いた架空戦記を元にして、零戦の物語をつくろうとしてるんです。神話の捏造をまだ続けようとしている」などと語ったことに対し、百田はツイッターで反論を展開した。百田は番組でも「私は徹底して戦争を、特攻を否定している」「宮崎さんは私の原作も読んでませんし、映画も見てませんからね」などと言い、「あの人」と頭を右手で指して、「○○大丈夫かなぁ、と思いまして」とした。「○○」の部分はオンエアの際はピー音が入った。かつ、百田は『風立ちぬ』について、「あれウソばっかりなんですね」と批判した。

佐藤　爬虫類と哺乳類ぐらいの違いだと思ってるんでしょう。また『風立ちぬ』のパンフレットに載っている立花隆さんの解説もつまんないですね。
斎藤　立花隆さんは僕の中では百田さんと同じ枠に入ってるんですけど（笑）。立花さんは『耳をすませば』で主人公の父親の声を演じたり、元の秘書さんがなぜかジブリに入ったりして縁があるんですよね。

堀越二郎の縁戚者に映画を見せた

佐藤　なぜ宮崎駿は零戦に関心を持ったんでしょうか。なんで堀越二郎だったんでしょう。九六艦戦から零戦につながる系譜を扱っていますが、なぜ陸軍の飛行機じゃなかったんでしょうか。
斎藤　そこらへんの区別は私にはよくわからないので、なぜ陸軍じゃないのかっていう疑問には答えようがないですね。
佐藤　僕は堀越二郎は嘘つきじゃないかと思うんですよ。
斎藤　嘘つき!?
佐藤　斎藤さんも『キネマ旬報』で、〈堀越二郎の偉大さは、貧しかった日本の戦前において、世界トップクラスの戦闘機「零戦」を開発した点にある〉と書かれていますが、この点についてご本人が手記を残してるんですよ。

斎藤　そうですね。

佐藤　堀越二郎は〈貧しかった日本〉なんて意識ないんですよ。逆のことを言ってるわけです。『航空情報』[10]一九六〇年六月号臨時増刊で堀越二郎は、〈顧みれば昭和五、六年以降の一〇年間は、自由公平な技術競争時代、設計の優劣だけで採否がきまり、技術の伸びが速かったという点で、日本の航空工業界の最良の時代であった。世界における日本の地位、産業力、国民の一人当り平均収入の点でも、今よりはるかに高い空前のよき時代であった〉と書いています。

斎藤　そんなこと、書いてましたか。

佐藤　当然宮崎さんも作家としてこの資料を読んでるわけですからね。

斎藤　ええ、もちろん読み込んでると思います。

佐藤　『風立ちぬ』という物語の根本における組み立て自体がおかしいです。

斎藤　佐藤さんから見れば、エクスキューズになるかもしれませんが、宮崎駿自身は『風立ちぬ』の原作の漫画でも「これは史実とはまったく関係がな

10—**『航空情報』**（こうくうじょうほう）酣燈社から刊行されている月刊誌。1952年、日本の航空業界が再開されることに先立ち、51年に創刊された。国内だけでなく世界の航空機および航空情勢についての情報も掲載している。

いストーリーです」と言っています。

佐藤　もちろんです。堀越二郎っていうのは、同一律違反の堀越二郎ですよね。実在の堀越二郎とはまったく関係がないと言いながら、相当重ねています。

斎藤　重ねているというか、ほとんど宮崎さんの魂の自画像と言っていいのではないでしょうか。

佐藤　『風立ちぬ』は史実と関係ない」とするならば、堀越二郎の縁戚者を連れてきて映画を見てもらって、「よかった」と言われ「これで安心した」というエクスキューズはするべきじゃありません。

斎藤　まあ、あれはちょっと「らしくないな」とは思いましたけれども。

佐藤　エクスキューズが多いんですよ。最初からいろんな伏線を作って、それで作品への批判を封じようとしている。タブー化させようとしています。

斎藤　実際には、批判をたくさんされてはいますよね。活字メディアではそれほど多くはないですけど。

佐藤　ただ、こういう批判は、本人に決定的な形で響かせないといけません。彼は自分に対する批判、特に活字で書かれたものを非常に気にする人だと思います。

斎藤　気にしますね。以前『ユリイカ』という雑誌で批判的な方と対談してからというもの、青土社の雑誌には一切出てくれなくなりました。
佐藤　本質において小心なんでしょう。
斎藤　教養人ですし、それはあるでしょう。

スタジオジブリと零戦の構造

佐藤　僕は「ジブリアニメの構造」と「零戦」って似てると思うんです。零戦一一型、二二型、三二型、三二型と造っていきますが、けっきょくマイナーチェンジで根本的な変化はありません。

それに対して、陸軍の戦闘機は全然違う設計思想なんです。隼(11)っていうのは一型と二型しかないんですよ。隼を作ってるときにすでに二式戦（二式戦闘機）の鍾馗(12)の図面を引いてるわけです。それで、二式戦の鍾馗を造ってるときは三式戦（三式戦闘機）の飛燕(13)の図面を引いてて、飛燕を作ってるときには四式戦（四式戦闘機）の疾風(14)の図面を引いてるわけです。

だから、陸軍の戦闘機では、技術革新が当然、速いペースで行なわれてい

11　**隼**（はやぶさ）日本の陸軍の戦闘機・一式戦闘機の愛称。初飛行は1938年12月。太平洋戦争における主力機となった。開発・製造は中島飛行機。

12　**鍾馗**（しょうき）日本の陸軍の戦闘機・二式戦闘機の愛称。初飛行は1940年10月。第二次世界大戦で使用された。開発・製造は中島飛行機。

13　**飛燕**（ひえん）日本の陸軍の戦闘機・三式戦闘機の愛称。初飛行は1941年12月。ニューギニアやフィリピンでの連合軍との戦いに投入された。開発・製造は川崎飛行機。

14　**疾風**（はやて）日本の陸軍の戦闘機・四式戦闘機の愛称。初飛行は1943年4月。日本軍の戦闘機としては、零戦や隼につぐ主力機となった。開発・製造は中島飛行機。

ます。ところが零戦の発想というのは、「素晴らしいものを造って後はマイナーチェンジでいこう」というものですよ。それで零戦を造ったあと、堀越二郎は試作機で烈風っていう戦闘機を造りましたが、モノになりませんでした。

斎藤　ええ、飛ばなかった戦闘機がありますね。

佐藤　それで堀越二郎自身が『航空情報』で〈イギリスでもソ連でも、開戦と同時に、最も必要な少数の重点機種の生産と、その性能向上、および精選された後継者の試作だけに国のエネルギを集中する政策をとった。日本は持てる国アメリカと同じく、そういう合理化への努力を怠った。零戦は日本にとって、イギリスがスピットファイア(15)を最後まで伸ばして使った如くに扱うべき飛行機であった。日本の乏しい資材と技術力の最高度の活用の立場から、零戦以後に計画された飛行機には早く中止した方がよかったものが多かった〉と言っています。要するに、「俺の零戦にもっと金よこせば、もっと強く戦えた」って言ってるわけですよね。これ、僕はずれてると思う。

戦闘機に対して、技術革新をしていかないっていう発想です。この発想はすごく面白いと思います。おそらく堀越二郎という人の発想と、宮崎さんの発想がものすごくシンクロしたんでしょう。

15―**スピットファイア**　英国のスーパーマリン社が製造した戦闘機。第二次世界大戦において、連合軍で使用された。英国空軍とドイツ空軍の戦いである「バトル・オブ・ブリテン」で活躍したことが有名。

斎藤　でも、零戦が造られるまで、いろんな試作機ができてますよね。一応、改造度が高い零戦ができるまではとにかく技術の更新に更新を重ねたということが言えるんじゃないでしょうか。

佐藤　うーん。

斎藤　鋲《びょう》の形とかいろいろ工夫してますよね。『風立ちぬ』では、ああいう技術的な部分で相当苦心した部分を描いています。

佐藤　ただ、このアニメ自体は零戦の話じゃないですよね。

斎藤　まあ、そうですね。

佐藤　その前の九六式艦上戦闘機[16]の発想で、引っ込み式脚も採用してないはずです。

宮崎さんが意識してるのは堀越二郎が書いた『零戦物語』[17]だと思うんです。『零戦物語』を下地にしてますが、ちょっとずらして描いているんですよね。いずれにせよ、零戦はマイナーチェンジをしていって、「がんばれば、ずっと戦うことができるんだ」みたいな飛行機なんですよ。

斎藤　その構造がジブリアニメのマイナーチェンジを作り上げてきてるということですね。

佐藤　ええ。何を見ても同じに見えるんです。

16―**96式艦上戦闘機**（きゅうろくしきかんじょうせんとうき）日本海軍の艦上戦闘機。三菱重工が製造した。初飛行は1935年。日本海軍初の全金属単葉戦闘機。

17―**『零戦物語』**（ぜろせんものがたり）1953年、堀越二郎と海軍軍人だった奥宮正武が共著で日本出版協同から『零戦　日本海軍航空小史』を刊行した。堀越二郎自身は単著で70年に『零戦　その誕生と栄光の記録』を出している。

斎藤　そこはさすがに反論したい（笑）。
佐藤　特に、この映画を完成地点として見るとなおさらです。
斎藤　でも、今回はかなり思い切ったと思われませんか？　表層的にみても、ファンタジー路線から史実寄りになったということがありますし。
佐藤　そうですね。ベッドシーンもありましたし。
斎藤　そうです。
佐藤　血も吐きますし。
斎藤　腕が切断されて血が噴き出すとか、グロ描写は『もののけ姫』[18]をはじめ今までもけっこうあったんです。ただ、性愛のシーンというのがだんだん進化してきてるんですよ。昔はもうキスすら描かなかったですから。『ハウル』[19]ぐらいから唇のキスを描写しはじめて、この映画でやっと男女の性的な関係が示唆される。「やっと大人になった」という評価もあるくらいなんで、そこらへんは、駿はがんばってるなという感じがしたんです。「七二歳にして」ということは、あんまり言いたくないですけれど。今回初めて自分の映画で泣いたと言っていましたし。
『風立ちぬ』で宮崎駿は大人になったんです。二郎と菜穂子の構図は、オタクの理想なんですよ。自分が漫画を描いてる脇で、妻がずっと待っててく

18—**『もののけ姫』**（もののけひめ）1997年に公開された宮崎駿監督の長編アニメーション映画の第7作。興行収入は193億円。エミシの末裔のアシタカは、タタリ神と化した猪神に呪いをかけられ、それを解くために西の国に向かう。そこでアシタカは山犬として生きる人間の少女・サンと出会う。キャッチコピーは「生きろ。」。

19—**『ハウルの動く城』**（はうるのうごくしろ）2004年に公開された宮崎駿監督の長編アニメーション映画の第9作。興行収入は196億円。魔法と科学が存在する世界で、主人公・ソフィーは魔法使いのハウルと出会う。その晩、ソフィーは荒れ地の魔女から90歳の老婆に変えられてしまう。第61回ヴェネツィア国際映画祭においてオッゼラ賞などを受賞。

れる姿ですね。クリエイターも忙しいですから。二郎が仕事をしている横に病気の菜穂子が横たわっている姿っていうのが、漫画家やアニメーターなどクリエイターの琴線に触れたようです。ある意味、宮崎駿の理想郷を描いたわけです。タバコも「絶対」ですから。まさか日本禁煙協会からクレームが来るとは思ってなかったでしょうけど。

ちなみに、二郎は最初は菜穂子の家のお手伝いさんに気があったと思われます。たぶん二郎は、そんなに女性の目利きじゃないと思うので、けっこう場当たり的に好きになる感じですね。菜穂子もそれがわかっていて、意図的に誘惑してる雰囲気があるんです。そのへんは嫌らしい見方がいくらでもできる感じはあります。

佐藤　システムとしてのジブリっていうのはどういう風になってるんですか？

斎藤　正社員でアニメーターを雇ってるのは、ジブリと庵野秀明[20]のカラー[21]だけですから、けっこうお金がかかってます。ジブリは日本のアニメ業界ではダントツの稼ぎ頭ですが、宮崎さんの年収はそれでも一億いかないとか。給与や福利厚生にあてているからしいです。普通のアニメは毎回、製作委員会というのを作って、外注に出すんですよ。

20 ― **庵野秀明**（あんの　ひであき）1960年～。山口県生まれ。アニメーター、映画監督。84年、アニメ製作会社ガイナックスの設立に参加。2006年に映像製作会社カラーを設立、代表取締役社長となる。代表作に『ふしぎの海のナディア』『新世紀エヴァンゲリオン』など。

佐藤　最近は、映画自体もだいたいそうですね。

斎藤　そうですね。一回ごとに解散してますから、定職にならないんで、スタッフは苦労するんです。ジブリはさすがに雇用面がしっかりしてるみたいで、結束が堅いです。あんまり内部告発的なものは出てこないし、ブラック企業でもなさそうです。

佐藤　そうすると、ジブリという会社自体にかなりのカリスマ性が宿っているわけですね。気持ち悪いです。

斎藤　うーん、何でしょうかね（笑）。最近、ドワンゴの会長で川上量生さん(22)というスポークスマンがジブリに就きましたから。彼が内部の情報を『文春』なんかの連載でよく書き出すと、何か妙に風通しがよい会社に見えるんですよ。欠点も何も全部さらけ出してるように書いてますから。

佐藤　それをやっても大丈夫なぐらいの結束がジブリにあるってことなんでしょう。

斎藤　そうでしょうね。プロデューサーの鈴木敏夫さんはからかわれやすいというか、そういう立ち位置を引き受けてます。

21―**カラー**　２００６年、庵野秀明が設立した映像製作会社。『ヱヴァンゲリオン新劇場版』シリーズなどを手がけている。

22―**川上量生**（かわかみ　のぶお）１９６８年〜。愛媛県生まれ。ドワンゴ代表取締役会長。１９９７年、ドワンゴを設立し、代表取締役社長となる。２０１１年にスタジオジブリに入社し、取締役となる。『風立ちぬ』にも「プロデューサー見習い」として参加。カラー取締役、ＫＡＤＯＫＡＷＡ取締役なども務める。14年5月、ＫＡＤＯＫＡＷＡとドワンゴが経営統合することが発表され、ＫＡＤＯＫＡＷＡの角川歴彦会長から後継者に指名された。

九六式陸攻をなぜ描いたのか

佐藤　本庄の描き方も印象的ですね。

斎藤　はい。息子の吾朗の影響じゃないでしょうけど、腐女子[23]受けをねらったかのようなキャラ造形で。

佐藤　本庄は戦後、防大（防衛大学校）の先生になっていますが、九六式陸攻（陸上攻撃機）[24]と、一式陸攻を設計した人です。『風立ちぬ』の最後のシーンで一瞬だけ九六式陸攻が出てくるんですけれども、九六式陸攻って、重慶[25]爆撃をした飛行機ですよ。

斎藤　零戦もそうですよね。あとから援護しました。零戦に対して、戦争犯罪的な批判が一番されていたのは重慶爆撃です。

佐藤　零戦は燃料タンクをつけたら、一一〇〇キロメートルは飛べますからね。零戦が重慶まで行くのは、タンクつけてぎりぎりです。

斎藤　なので、どっちも無罪放免とはいかないわけです。

佐藤　零戦は劇中に出てきませんでしたが、九六式陸攻なんていうもの[26]をまったく無批判に出しています。この作品はアイヒマンと同じ理屈ですよ

23―**腐女子**（ふじょし）男性同士の恋愛を題材とした小説や漫画（BL、ボーイズラブ）などを好む女性のこと。

24―**96式陸上攻撃機**（きゅうろくしきりくじょうこうげきき）日本の海軍の陸上攻撃機。初飛行は1935年。設計者は本庄季郎。満州事変から太平洋戦争の初期まで第一線で活躍した。

25―**重慶**（じゅうけい）中華人民共和国の市。日中戦争中、日本軍により218回の爆撃が行なわれた。

ね。

斎藤　わかります。

佐藤　僕は『風立ちぬ』が本当にファシズムだなと思う理由は、大衆を束ねちゃってるわけですよね。主人公である堀越二郎の仲間に対しては優しい眼差しで描かれてるんですけれども、重慶の市民は視界から消えてるわけです。

斎藤　消えてますね。というか、視界に大衆はないです。

佐藤　日本人の大衆はちゃんと作品の中でいるわけですよ。

斎藤　うーん。

佐藤　それは関東大震災のシーンや、空襲のシーンで描かれています。しかし、九六陸攻が描かれていることで重慶爆撃は暗示されるんですけれども、完全に重慶の大衆は物語から消えてるわけなんです。これは、今の日本のメディアの沖縄に対する姿勢と非常に類比的ですよ。シーンから消えてるということは、存在しないことと一緒ですから。しかし、本当は存在してるんです。

　そうすると、『風立ちぬ』を何らかの形で歴史に寄与する作品にするんだったら、重慶爆撃をもっと明確に暗示される形にするのか、あるいは作品

26｜**アドルフ・オットー・アイヒマン**　1906〜62年。ドイツのナチス親衛隊の隊員。ホロコーストで指揮的役割を担った。戦後はアルゼンチンで逃亡生活を送ったが、1960年、モサド（イスラエル諜報特務庁）によってイスラエルに連行された。イスラエル警察による尋問では「戦争中は命令に忠実に従っただけ」という趣旨のことを述べた。61年、裁判にかけられ死刑判決が言い渡された。翌年に絞首刑となった。

自体をまったくのファンタジーにしてしまうのか、ということになります。

斎藤　ファンタジーの方がおそらく絵になると思います。堀越二郎の夢のシーンや、ラストシーンを見ても、ファンタジーの傾向が窺《うかが》える気がしますけれども。

佐藤　ただ、ファンタジーで通すんだったら、なんで九六陸攻を出したのかっていうことに私はこだわってるんです。あの作品の中であの場面はいらないんですよ。本庄が開発してる戦闘機は最初、指令部偵察機になってるんです。だから、彼は戦争責任ぎりぎりで逃げられた。戦闘機は防衛のために出ていくという面もある。だから自衛隊も専守防衛で戦闘機を持ってるわけですよ。でも、爆撃機は戦争責任から絶対に逃げられません。

零戦が重慶に行ったって、零戦だけで空爆はできません。特に零戦は爆撃機の護衛のために行ってるわけですから、零戦は直接の殺しに関与してる度合いっていうのは、非常に低いわけなんです。直接殺すのは爆弾を落とす九六陸攻なんですよ。本当になんであの一カ所だけ入れてるのか。『風立ちぬ　スタジオジブリ絵コンテ全集19』(27)で言えば、問題の飛行機は五七三ページの一つのカットだけなんですよ。

斎藤　書いてありますね、九六って。

27 ─ **『風立ちぬ　スタジオジブリ絵コンテ全集19』**　アニメーション映画のもととなるアイディアのスケッチ（絵コンテ）集。スタジオジブリで制作された映画は徳間書店から刊行されており、『風立ちぬ　スタジオジブリ絵コンテ全集19』も2013年7月に刊行された。

佐藤　そこから全部広がって、侵略の物語につながってるわけなんです。あの場面を切っておけば、話はそこに行かない。宮崎さんは飛行機オタクでよくわかってるわけですから、どうしても九六陸攻の飛行機が出てくる場面を入れざるを得なかったんでしょう。

斎藤　そうでしょうね。

佐藤　ここなんですよ、面白いのが。あるいは、「わからないだろう」と、消費者をからかってるのかもしれません。

斎藤　（笑）。でも、飛行機オタクはいっぱいいますから、ネット上でそういう発言はすぐピックアップされます。なので、少なくともからかうことはなかったんじゃないかと思います。佐藤さんのような突っ込みが絶対に入ることを予期して、確信的にやってるなという感じがします。

佐藤　私は飛行機オタクじゃないんですけれども、たまたま父親が陸軍の航空隊にいたから、子どもの頃から飛行機関係の雑誌とか、いろいろ読んでたんですよ。

それで機体とか見ると「あれは××だ」って思うんです。

斎藤　宮崎駿自身も父親が軍需工場を経営してましたもんね。そういった意味では、父親を擁護したい気持ちも当然なくはなかっただろうと思います。

佐藤　たぶんそこで無意識が噴き出してるでしょう。九六陸攻以外は、全部何らかの理屈をつければ逃げられる飛行機なんです。

斎藤　いや、少なくとも逃げる気はなかったでしょう。

佐藤　でも、なめてますね。

斎藤　そうですかね……なめてる……。

佐藤　世論の反応をなめてます。ユーミンと対談をするとか、堀越二郎の縁戚者に映画を見せて了承を得るような発言をとりあえず取っておいて、それを活字に出しておくとか。この人はそういう幾つかの布石を打っておけば、相当のところ逃げられると思ってますね。

斎藤　逃げる……。

佐藤　卑劣漢の類だと思いますよ。

斎藤　(笑)。そこまで言いますかね。

佐藤　ええ。この人は本当に官僚と似た体質があるな。

斎藤　官僚ですか?　宮崎駿が一番嫌いそうなタイプですけれども。

佐藤　でも、よーく似てます。こういう企画外とか破天荒を装う官僚ってよくいます。

ファシズムであるまいという意図

佐藤　端的にそういった特質が出てるのは、半藤一利との対談『腰抜け愛国談義』[28]です。これで意外と面白いのは、半藤一利が「(坂口)安吾[29]さん、日本軍が分捕った飛行機を羽田飛行場に見に行っているんです。I-16[30]戦闘機です」と言うところです（一八九ページ）。

これはおそらく上海航空戦でぶんどったやつだと思うんですよ。つづけて宮崎さんが「アブと綽名《あだな》されたずんぐりした機体なんで、速く見えただけかもしれませんけどね」と言う。それを受けて半藤さんが「機能的に強ければいいんだから、ソ連のように見てくれは悪いけれども、機能的で丈夫な方がいいのです」とし、宮崎さんが「それは卓見です」と。さらに半藤さんが「卓見ですかね。私はこの文を読んで安吾のバカと思いましたよ。機能的で丈夫なら見てくれは悪くてもいいなんて、そんな身も蓋もないこと言ってほしくない」と言う。「実際ソ連のI-16はノモンハンで日本が分捕ってベニヤで作られた」と。

要するに彼らは、戦闘機を作るときの基準は「美しさ」であるか、「強さ」

28―**『半藤一利と宮崎駿の 腰抜け愛国談義』**（はんどうかずとしとみやざきはやおのこしぬけあいこくだんぎ）2013年に文春ジブリ文庫から刊行された。『風立ちぬ』で描かれた昭和の時代をテーマの中心とした半藤一利と宮崎駿による対談。

29―**坂口安吾**（さかぐち・あんご）1906～55年。新潟県生まれ。小説家。1930年、友人らと同人雑誌『言葉』を創刊。46年、戦後の本質を鋭く把握洞察した『堕落論』『白痴』の発表により注目を集める。代表作に『紫大納言』『真珠』など。

30―**I-16**（イー・シヂスャート）ソ連のポリカルポフ設計局が開発した戦闘機。初飛行は1933年。第二次世界大戦の初期では主力となった。世界初の引っ込み脚を持っていた。

であるかということを話しているわけですが、こんなの「強さ」に決まってるじゃないですか。

斎藤　（笑）。

佐藤　それからこのI－16っていうのは、（『世界の傑作機No. 133』を示して）こういう飛行機なんです。

斎藤　ああ、確かにずんぐりしてますね。

佐藤　I－16を作った旧ソ連のポリカルポフ設計局は非常に特殊なところです。ポリカルポフという設計技師は帝政ロシアの時代からの設計技師なんです。彼は一九二九年、「反革命」だとされて捕まるんです。それで当局から「お前、ちゃんとした戦える飛行機を作ったら生き残らせてやる」と言われる。それで最初は獄中で設計したんです。彼が世界最初の引っ込み式の戦闘機を作った理由も、「これからはもう単葉機になって、引っ込み式になる。火力もでかいのになる」と見越したんですね。ところが、パイロットたちは「旋回性が悪い」と言って乗らなかった。だから同時に、I－15っていう複葉機を作って混成部隊で戦わせるんです。

何を言いたいかっていうと、かたやソ連においては物資もないし、当時は世界中から包囲されていたわけです。その中で、何としても生き残らないといけないから、とにかく「勝つものを作れ」となった。そこに「美しさ」という基準をぶつけてることが面白いなと思って。宮崎さんたちは思想において負けてるんです。

斎藤　そういうことになりますね。勝ち負けに関心がなかったと言いたいんでしょうけど。

佐藤　そういう「ふやけたファシズム」っていうのが、どの程度の有効性を持つかっていうことです。ある意味では、スターリニズムもファシズムなんです。スターリニズムにも美意識があります。ロシアアヴァンギャルドとスターリニズムはものすごい親和的ですから。

斎藤　ええ。

佐藤　だから、今の時代の中で『風立ちぬ』がある程度受け入れられて、これに対する批判が言説としてほとんど力にならないということに注目しなければなりません。

　ファシズムだったらせめて戦争に勝つファシズムであってほしい。こういうファシズムは戦争にも負けて、国民に禍をもたらします。

斎藤　ファシズムって読み替えができるにしても、宮崎駿には「ファシズムには陥るまい」という意図があったんじゃないでしょうか。

佐藤　どうですかね。

斎藤　ポール・ヴァレリー[31]を援用してきたりしてますし。軽井沢でトーマス・マン[32]の『魔の山』を持ってくるシーンで、一説にはゾルゲ[33]じゃないかとか言われてるドイツ人が出てきたりとかですね。いろんなところで楔《くさび》を打ってる感じがします。

佐藤　それを「楔を打ってる」と見るのか、それとも「逃げ」と見るのかってことです。

斎藤　あの「逃げ」はわかりにくすぎて「逃げ」にならないいんじゃないでしょうか。

佐藤　いや、「逃げ」になるんじゃないでしょうか。特高から追われてるんだっていう、取ってつけたような話を作るための伏線じゃないんでしょうか。

斎藤　堀越二郎の遺族に映画を見せて肯定してもらうのは露骨な「逃げ」でよろしくないとは思いますけれども、軽井沢の場面の人物配置は作品全体の根幹にかかわるところだと思うんで、「逃げ」と言えるかどうかって微妙なところじゃないでしょうか。

佐藤　そうすると下品ですよね。

31―**ポール・ヴァレリー**　1871～1945年。フランスの作家。モンペリエ大学法学部に入学、ユイスマンス『さかしま』を読み、引用されたマラルメの詩に感動する。ピエール・ルイスやジッドと知り合い、1891年にマラルメ宅を訪問。文学、芸術、思想、その他あらゆる領域にわたって厳密な思考の探究を試みた。1925年、アカデミー・フランセーズ会員に選ばれ、「フランスの代表的知性」と謳われた。著書に『若きパルク』『レオナルド・ダ・ヴィンチ論』など。生涯書きつづけた思考の記録である『カイエ』は、3万ページという膨大な量にのぼる。

32―**トーマス・マン**　1875～1955年。ドイツの小説家。実科高等学校を中退し、火災保険会社の見習い社員となるが一年で辞め、大学の聴講生となる。1894年、『転落』を発表。その後、次々と話題となる作品を発表した。1929年にノーベル文学賞を受賞した。代表作に『ブッデンブローク家の人々』『トーニオ・クレーガー』『ヴェニスに死す』『魔の山』など。

斎藤　下品、下品ですか。

佐藤　どうしてかと言うと、戦前の特高警察をなめるなって話です。

斎藤　（笑）。

佐藤　一民間企業の課長レベルくらいが二日間どっかに隠したことで追及がやむような、そんな甘い組織じゃない。『風立ちぬ』という映画は、どこまでがリアルでどこまでがリアルじゃないかっていうところが、ものすごい恣意的なんですよ。

斎藤　確かに、そのへんの線引きはぶれてるところはあるかもしれません。

佐藤　宮崎さんは構築主義的にやってるんじゃなくて、お筆先でやってますね。

斎藤　今回はそれに近いかもしれません。

佐藤　緻密なプロットもないですし。

斎藤　それは毎度のことです。ストーリーの破綻は毎回言われてます。『ポニョ』[34]もそうだし、『ハウル』[35]もそうだし、まあ原作つきの映画は幾らかマシかもしれませんけど。『千と千尋』もストーリーに関してはメチャクチャということは定説化してます。

佐藤　『千と千尋』の最後のところはそうですね。ジブリの系統でストー

33―**リヒャルト・ゾルゲ**　1895〜1944年。ドイツの共産主義者。ロシアのバクーに生まれ、1919年に創立されたドイツ共産党に入党。ベルリン大学卒業後、モスクワへ行き、コミンテルン情報局とソ連共産党で活躍した。33年『フランクフルター・ツァイトゥング』紙特派員として来日。日本の対ソ侵略防止と日ソ平和の維持を目的として情報活動を行なうも、41年、『朝日新聞』記者の尾崎秀実らとともに逮捕された。44年死刑になった。

34―**『崖の上のポニョ』**（がけのうえのぽにょ）2008年に公開された宮崎駿監督の長編アニメーション映画の第10作。興行収入は155億円。崖の上の一軒家に住む5歳の少年・宗介はある日、クラゲに乗って家出したさかなの子・ポニョと出会う。キャッチコピーは「生まれてきてよかった。」。

リーがちゃんとしているのは『猫の恩返し』[36]ぐらいです。

斎藤 (笑)。あれは宮崎色が薄い映画ですからそうかもしれません。

佐藤 『風立ちぬ』はつまんないですよ。

斎藤 「破綻ぶりを楽しむ」という芸風が定着してるので、その指摘は彼をひっくり返す上であんまり役に立たないと思います。

佐藤 全然役に立たないでしょうね。そこのところは伏線を引いてますから。宮崎さんの作品は、鵺みたいな感じなんですよね。あるいは、なまこというか。

斎藤 そういう中で、僕は今回の作品は自己開示が一番素直じゃないかなと思うんです。

佐藤 ただ、それはそういった自己開示ができるくらいに時代が悪くなってるということなのかもしれません。今まで抑圧されたものが、バッと噴き出すことができる時代だと。

35 ―**『千と千尋の神隠し』**(せんとちひろのかみかくし) 2001年に公開された宮崎駿監督の長編アニメーション映画の第8作。興行収入は304億円。10歳の女の子・千尋は両親とともに引っ越し先の家へと向かう途中に、いつの間にか「不思議の町」に迷い込む。キャッチコピーは「トンネルのむこうは、不思議の町でした。」。第52回ベルリン国際映画祭金熊賞や、第75回アカデミー長編アニメ映画賞を受賞するなどした。

36 ―**『猫の恩返し』**(ねこのおんがえし) 2002年に公開された森田宏幸監督の長編アニメーション映画。企画は宮崎駿。興行収入は64・6億円。キャッチコピーは「猫になっても、いいんじゃないッ?」。原作は柊あおいの同名漫画。

宮崎駿の矛盾の総決算

斎藤　ただ、「遺作」という意識は当初からあったでしょう。

佐藤　ええ。

斎藤　「自分の矛盾の総決算」っていう意志はけっこう強かったんじゃないでしょうか。

佐藤　僕は宮崎さんが『風立ちぬ』で晩節を汚したと思っています。

斎藤　ネットを見たかぎりでは、いつも宮崎作品を叩く人が叩かないんですよ。たぶんアニメファン的な文脈でいうと、おそらく『風立ちぬ』は宮崎駿が自分の矛盾を一番正直に露出したという点で評価されてるんだと思います。

佐藤　でも、正直がいいことだって、だいぶ素直なファンタジーですね。

斎藤　虚をつかれたんじゃないでしょうか。ある種すれっからしが多い世界ですから。希少性もあってベタな自分語りはあんまり叩かれません。

佐藤　僕は『腰抜け愛国談義』を最初に読んだので、もう『風立ちぬ』はダメになりましたね。先ほど話した、Ｉ－16のところで「これは酷い」と。

こっちは小官僚ですから、美学を優先して戦争に負ける論理を感じます。そのところが堀越二郎の書いた文章と重なるんですよ。堀越二郎は、言い訳しかしない人ですから。

宮崎さんが描いた矛盾が具体的にどういう矛盾かっていうことなんです。

斎藤　それは堀越二郎の抱えた矛盾であり、宮崎本人が抱えた矛盾でもあるということになりませんか？　それこそ、戦争画を描いた藤田嗣治[37]の抱えてた矛盾でもあったりとかします。ですから、リチャード・ローティ[38]が言ってるようなアイロニーですよね。宮崎さんは堀辰雄よりも、むしろ太宰治や藤田嗣治に近いところがあると思っていて。見ようによっては、戦争を肯定的に描くことで、両義性を持たせるような表現です。

藤田さんの絵にしても、戦争画ですけど、今見て単純に、あんな重苦しく見ようによっては醜悪な絵が戦意高揚に役に立つとは到底思えないわけです。宮崎駿は、そういう部分を引き継ごうとした部分もあるのかなと思ったんです。

佐藤　でも、それは後からどうでも解釈できますから。

斎藤　それはもちろん後付けですけれどもね。

佐藤　それだったら火野葦平[39]の『小説　陸軍』だって、反戦小説的な要素が

37―**藤田嗣治**（ふじた・つぐはる）1886～1968年。東京生まれ。画家・彫刻家。東京美術学校卒業後、1913年渡仏。20年代、乳白色の滑らかな下地に繊細な線描で裸婦を描き、「エコール・ド・パリ」として画風を確立した。戦時中、陸軍美術協会理事長に就任し、『哈爾哈河畔之戦闘』『アッツ島玉砕』などを描いた。50年、パリに戻り、55年には、フランス国籍を取得。59年、カトリックの洗礼を受け、晩年は宗教画を中心に制作した。

38―**リチャード・ローティ**　1931～2007年。米国の哲学者。哲学・文化・政治の領域における「解釈学的転回」「ネオ・プラグマティズム」を提唱。スタンフォード大学でも教鞭を執った。著書に『哲学と自然の鏡』『哲学の脱構築　プラグマティズムの帰結』など。

あるといえば、確かにそうなります。

斎藤　（笑）。

佐藤　特に、『小説　陸軍』が映画化されたものは軍が文句つけたそうですし。あるいは、中島貞夫監督[40]の『沖縄やくざ戦争』だって、上映当時は「ヤクザ映画」ですけれども、今見ると沖縄ナショナリズム映画です。後世によっていくらでも解釈できる幅があります。

斎藤　僕は『風立ちぬ』には、「自分はこれを信じるけれども、あなた方はこれを信じなくてもいい」といったタイプのねじれがあると思うので。『風立ちぬ』を見ても少なくとも高揚はしないですよね。「ふやけたファシズム」とおっしゃったけれども。

佐藤　「絶対に正しいもの」があるんだけれども、その「正しいものは複数ある」みたいな感じで描かれています。

斎藤　そんな感じですよね。「俺は堀越が大好きだけれども、お前らには好きになれとは言わない」という姿勢が僕には伝わってきたので、『風立ちぬ』は肯定してもいいかなと思ったわけです。そういったアイロニカルなねじれがないのが、百田さんの作品です。宮崎さんは、基本的にねじれた人なんで、そういったアイロニーが作品全体に出ています。

39―**火野葦平**（ひの・あしへい）1907～60年。福岡県生まれ。小説家。早稲田大学英文学部中退後、1937年、陸軍伍長として召集される。翌年、「糞尿譚」で芥川賞を受賞し、中支派遣軍報道部に転属となる。太平洋戦争中も各地の戦線に従軍した。代表作に「兵隊3部作」（『麦と兵隊』『土と兵隊』『花と兵隊』）など。60年、自宅で自殺。

40―**中島貞夫**（なかじま・さだお）1934年～。千葉県生まれ。映画監督、脚本家。東京大学を卒業後、東映入社。1964年、『くノ一忍法』で監督デビュー。笠原和夫や深作欣二らと親交を持つ。代表作に『日本の首領』シリーズ、『893愚連隊』『狂った野獣』など。大阪芸術大学大学院教授なども務める。

シベリアを差し出したことの意味

斎藤　『風立ちぬ』の原作の方は飛行機マニア的な蘊蓄がいっぱい出てきます。

佐藤　原作というと?

斎藤　(コピーを見せて)これです。『モデルグラフィックス』[41]に連載していた漫画が原作なんです。

佐藤　ああ、『モデルグラフィックス』ですか。

斎藤　『風立ちぬ』はこの連載のけっこう忠実なアニメ化になってます。佐藤さんも事前に『モデルグラフィックス』を読んでいれば、『風立ちぬ』に対する評価もけっこう甘くなったかなと思うんです。『風立ちぬ』は今までのジブリ作品の中でかなり複雑すぎて、単純な感想を持てないところがあるんじゃないかと、僕は思っていて。みんなは、どういうつもりで観てるんだろうという疑問はちょっとありますね。

佐藤　沖縄でどういう観られ方をしてるのかということについて、『琉球新報』の記者に聞いてみようと思ってるんです。そもそも観てるのかというこ

41―**『モデルグラフィックス』**　1984年に創刊された大日本絵画刊行の月刊誌。最新のキャラクターモデルから精密なスケールモデルまで掲載される総合模型雑誌。創刊時から宮崎駿による連載記事が展開されている(「宮崎駿の雑想ノート」など)。映画『風立ちぬ』の原作も『モデルグラフィックス』に連載されたもの。

とを含めて。

斎藤　ジブリアニメというのは唯一、ヤンキーも観るアニメで有名ですから、沖縄の若者はけっこう観てるんじゃないでしょうか。

佐藤　だから、沖縄の中で『風立ちぬ』がどういう感じなのかっていうことは面白いと思うんです。

斎藤　普通に感動できなくはないでしょう。まあ、カタルシスはないですけれども。

佐藤　教養の水準が低ければ感動しますよ。

斎藤　私は感動したくちですが（笑）。

佐藤　歴史知識がなければ感動します。どこか知らない国の話だと思って観てればいいんですから。要するに、映画を観る人が、どういう知識を持っていて、どれぐらい映画に対して、マイナスの情報を蓄積してるかに依るわけなんですよ。

それこそ、かつて本多勝一[42]さんが言ったように、無意識のうちにどちら側の視座に置くかっていうことです。旧軍が出てきた場合、あるいは、飛行機っていうものが出てきた場合、これを観てる圧倒的大多数の人は「爆撃する側」なんですよ。

42―**本多勝一**（ほんだ・かついち）１９３１年～。長野県生まれ。元『朝日新聞』編集委員、現『週刊金曜日』編集委員。１９５８年、朝日新聞社に入社。社会部記者となり、「カナダ・エスキモー」「ニューギニア高地人」「戦場の村」などを発表した。93年、『週刊金曜日』を創刊。著書に『南京大虐殺と日本の現在』『貧困なる精神』シリーズ、『日本語の作文技術』などがある。

斎藤　まあ、そうでしょうね。

佐藤　逆に、「爆撃される」という意識はないでしょう。視座の違いだと思うんですよ。

斎藤　ただ、宮崎駿のインタビューによると、その視点は敢えて出さなかったということのようですけれどもね。反戦的な視点は入れられるけれども、そうすると物語が定型化しちゃうので避けたということです。

佐藤　逆に現状でも十分定型化してると思いますけれども。

斎藤　定型化ですか!?　それはどうだろう。

佐藤　『風立ちぬ』は美学の中にすべてを吸収してますし、強い者、侵略する側の論理です。

斎藤　うーん。ただ、映画を観たあとに高揚感はないと思うんですけど、どうでしょう?

佐藤　いや、「じわっとした感動」という形で高揚感よりもより悪質なものがあります。「じわっとした感動」には、少なくとも免責作用があると思う。

斎藤　免責……。加害者としてのわれわれ自身が、免責された気になってしまうという問題でしょうか。

佐藤　そういうことです。

引退会見も批判封じ!?

佐藤　あともう一つの問題は、堀越二郎が戦争指導者の一人だということです。やっぱりどんな形であっても、戦争を指導したエリートというのは、敗戦に対する責任を負わないといけません。その二重の意味での責任がある。だから、『風立ちぬ』は、戦争指導者の側の視座に立ってるとも言えます。

それは堀越二郎が、飢えている子ども二人にシベリアを差し出して「取ってみろ」って出す視点と同じです。自分とその子どもたちが対等だっていう視点がありません。このエピソードは非常に面白いと思いました。

斎藤　そうですね。印象に残るエピソードです。志賀直哉じゃありませんが「堀越二郎が神様か」って思うくらいのところですよね。

佐藤　堀越二郎は、日本人として中国をはじめとするアジアとの関係や、あの戦争の中での役割において、二重の意味で責任を免責されています。同時に堀越二郎は、あの戦争の中でやっぱりエリートなんです。あるいは、戦前、戦中の日本社会のエリート層であると言ってもいい。もっと言うならば、『風立ちぬ』では、菜穂子は富裕層の子どもなんだけれども、堀越は叩き上げですよね。自分の能力によって、階級上昇してる一人です。

斎藤　最終的にそうですね。

佐藤　戦前の感覚で言うんだったら、本来、二郎は菜穂子と付き合えるような身分ではありません。しかし、それは学校の名前こそ出てこないけれども、「一高→東大」っていう狭き門をくぐり抜けることによって、階級上昇を達してる。それで、堀越二郎はホテルなんかにも泊まれるような人間になった。そういう彼の視座からすべてを見てるわけですよ。

斎藤　菜穂子は結核患者であるということで降下してます。それがうまく結びつくということになる。

佐藤　そうです。上がる者と下がる者が結びついたことによる二人の関係が均衡点だということです。

だから、いろんな意味で宮崎さんが今まで出さないでおいたものが、バーッと出てきた感じがします。

斎藤　抑えてきたけど、ちらほら見え隠れしてきたものが、今回の映画で一番正直に出てる感じはあります。「もう何とでも言ってくれ」という開き直り感がある。

佐藤　いや、開き直ってるんじゃないと思います。開き直ってるんだったら、「私はもうこれで最後にします」という会見をして、極力批判を封じるようなベクトルの動きはしないですよ。

斎藤　引退宣言は毎回のお約束みたいなものですから（笑）。

佐藤　あと、やっぱり堀越二郎の縁戚者を連れてきて、エクスキューズしてそれを活字で出すってことです。これは相当下品です。でも、なめられたもんですよ。この程度のことで、納得する人間がいると思ってるということが。

斎藤　納得というか、縁戚者に見せたこともやらざるを得なかったんじゃないでしょうか。さすがに架空の人物を堀越二郎のお嫁さんにしちゃったわけですから（笑）。縁戚者に映画を見せることが、ある程度、嫌らしいとは思ってもしないわけにはいかないところがあったでしょう。確かに公表するのはまずかったかもしれません。

なぜ零戦が「物語」になったのか

佐藤　堀越二郎がすごかったのは、戦後、『零戦物語』を書いたことです。

『零戦物語』を書いたことで、「零戦」という物語を作っちゃったんですよ。他に同じ程度の飛行機はたくさんあったわけですから。

斎藤　結果、一番「キャラの立った」戦闘機になりました（笑）。

佐藤　他の人が物語を作ってもよかったわけです。『隼物語』が書かれていれば、「隼」が物語になっていたでしょう。

斎藤　手記を書いたことが評価を決定づけたわけですね。

佐藤　刷り込みになってるんです。その刷り込みはたぶん僕よりちょっと上ぐらいの世代で、ジブリで『風立ちぬ』を製作している連中でしょう。

斎藤　単純に撃墜数の比較ってないものでしょうか。「この戦闘機は何機撃墜した」みたいな。

佐藤　分母をどうするかです。

斎藤　ああ。パーセンテージでいいです。

佐藤　そういうのは防研（防衛省防衛研究所）あたりにありそうですよ。定量化するのが好きですから。

斎藤　資料もそうですけど、坂井三郎という零戦の活躍に寄与したパイロットもいますよね。

佐藤　はい。

斎藤 『永遠の0』のモチーフになった人です。「零戦」が注目を集めたのも、そういう突出した才能がいたという要素もあるでしょうか。

佐藤 そういう才能を持った人はどこにでもたくさんいますから。

斎藤 今回の映画で、冒険というか、ちょっと面白かったのは、庵野秀明という、アスペルガー[43]と言われかねないようなキャラクターを出してきたことです。庵野秀明の演技には賛否ありますけれども、けっこう僕は堀越二郎にはまってるように思ったんですよ。人でなしっぽいところも含めて。「まあ、堀越二郎はこういう人だからしょうがない」という感じにもなってしまうところがある。

けっきょく、ああいう偏った美意識を持つ人って、サヴァン[44]的な才能と言いますか、一方が欠けてるけれども、一方で特異なものを持ってるというキャラクター造形にせざるを得ません。それが庵野秀明というキャラクターに非常によくはまった感じがしました。

佐藤 問題は、その才能が国家と結びついたときです。

斎藤 そうですね。『風立ちぬ』で堀越二郎は、マズい方向に利用されてしまったっていう面があると思うんです。それで、彼が利用されるかどうかっていうことに関して、関心がなかったことがまた致命的なんですけど。

43—**アスペルガー** アスペルガー症候群。広汎性発達障害。アスペルガー症候群の人は、①他の人との社会的関係をもつこと、②コミュニケーションをすること、③想像力と創造性——の3分野に障がいを持つとされている。

44—**サヴァン症候群**（さヴぁんしょうこうぐん）知的障がいや発達障がいなどを持っている人がごく特定の分野で優れた能力を発揮する症状。

佐藤　だから、これはアイヒマンの問題になるわけですよ。アイヒマンの問題であるし、オッペンハイマー(45)の問題でもあるし、アインシュタイン(46)の問題でもあるわけです。かといって、自分がサボれば他の誰かがやるわけですから。
斎藤　そうなんですよねー。
佐藤　そうすると矛盾を抱え込むっていうことになる。
斎藤　宮崎駿的な視点から言えば、時代の必然として、それはやらざるを得なかったことという描写にしたかったようではあります。
佐藤　でも、それは非常に月並みな話ですよ。
斎藤　うーん……月並みですかね（笑）。
佐藤　宮崎駿は知識人としての主体性とか考えないんでしょうか。
斎藤　ああ、それは放棄しちゃってるんじゃないでしょうか。宮崎駿の自意識はずっと「職人」ですから。「インテリというのは大嫌い」みたいなことを言ってます。「職人」という意識でやってるんでしょう。
佐藤　なるほど。私を取り調べた検事が「職人の犯罪というのは一番質《たち》が悪い」と言ってましたから。
斎藤　（笑）。それはあるかもしれません。宮崎駿も捻《ねじ》れてますんで、「職人」

45｜**ジュリアス・ロバート・オッペンハイマー**　1904～67年。ユダヤ系米国人で物理学者。「原爆の父」として知られる。第二次世界大戦時、米国のロスアラモス国立研究所の所長を務め、マンハッタン計画を主導した。戦後は水素爆弾製造に反対して公職を追放された。古代インドの聖典『バガヴァッド・ギーター』の一節「我は死神なり、世界の破壊者なり」を引用し、核兵器開発を主導したことへの悔恨の念を表した。

46｜**アルベルト・アインシュタイン**　1879～1955年。ドイツ生まれのユダヤ人物理学者。光量子説、相対性理論などを発表。1922年、保留されていた前年のノーベル物理学賞を受賞した。33年、ナチスの迫害を逃れて米国に亡命し、マンハッタン計画に参画。第二次世界大戦後は、平和運動に尽力した。

という自意識が本物かどうかははっきりしません。けっこう政治的な発言もしてるし、原発に関してもいろいろ言ってますから。

佐藤　『風立ちぬ』を公開するにあたって、宮崎駿自身の反戦的、あるいは護憲的な発言が過剰なことが非常に気になるんです。

斎藤　でも、この人はもとからそういう人ですよ。

佐藤　特に今回はエクスキューズが多いと思う。

斎藤　映画のためというより、震災の影響が大きいんじゃないでしょうか。震災後、特にそういう発言が増えてると思います。

宮崎駿の中で抑圧されたもの

佐藤　斎藤先生のご専門からすると、宮崎駿の場合、抑圧されたものって何なんでしょうか？

斎藤　まず、ロリコン性だと思います。それからオタク性、あるいは自分の抱えた根源的矛盾です。根源的矛盾に関しては抑圧というか、宮崎駿自身が、向き合わざるを得ない「業《ごう》」みたいなものとして認識してるというか、諦めてるんじゃないかと思うんですけれども。

佐藤　宮崎駿は、ドストエフスキーに通底するようなところもあると思うんです。

斎藤　肯定的な意味ですか。

佐藤　いや、私はドストエフスキーの世界観を全然買っていません。彼はキリスト教とはほとんど関係ないと思ってます。

斎藤　そうですか。

佐藤　というのは、あれだけキリスト教について過剰に語るということは、信じてないからですよ。

斎藤　(笑)。

佐藤　私は、ドストエフスキーっていうのは、基本的に革命家だと思うんです。

斎藤　革命家ですか。

佐藤　ええ。それで、私もパクられたからよくわかるんですが、パクられると国家権力って怖くなるんですよ。特に彼は一回死刑の真似事までされてるでしょう。

斎藤　そうですね。

佐藤　ドストエフスキーは成り行きで「別に殺されるのもしょうがない」というぐらいに思うんですけれども、逆に国家権力に「生かす力」があったということを思い知る。それを知った瞬間に、国家権力が怖くなったんです。

斎藤　なるほど。

佐藤　二〇一三年六月三〇日[47]、私の執行猶予が切れたんですが、国家権力が怖いと思うのはその後なんです。この感覚というのは、他の人になかなか理解してもらえないんですけど。それまでは常に緊張していて、公共交通機関にも乗らなかったわけです。「何を引っかけられるか、わからない」と、常にハリネズミみたいに緊張していたんです。そのときは怖くなかった。しかし、刑の言い渡しの効力がなくなって自由になると怖いですね。二度と捕まりたくないし、国家権力の逆鱗に触れることはしたくないという気持ちが強くなります。

斎藤　わかります、わかります。そういう包含をしていいかわかりませんけれど、精神医学的に人が一番トラウマを受けるのは、本当に傷ついたときよりも、傷つく寸前で回避できたときなんです。佐藤さんの場合もそういう恐怖感に近いのかもしれません。僕は経験がないから想像することしかできませんが。

47―**執行猶予が切れた**　2002年、外務省主任分析官だった佐藤優は、鈴木宗男衆議院議員（当時）の事件に関連し、背任と偽計業務妨害容疑で東京地検特捜部に逮捕・起訴された。無罪を主張し争うも、09年執行猶予付き有罪判決が確定。〝逮捕劇〟にはじまり、捜査の内容や背景は佐藤自身の著書『国家の罠　外務省のラスプーチンと呼ばれて』に詳しく、本書をもとに国家権力による「国策捜査」という言葉が日本社会に浸透した。2013年6月30日に執行猶予期間が満了した。

佐藤　私の両隣の房が確定死刑囚だったんですが、そういうことはよく思い出します。

ファシズムの潜在力

斎藤　『風立ちぬ』で、ちょっとヤバいと思ったのは、飛行機の爆音から何から擬音が全部人の声なんです。そのことでも非常に生命主義的なものを感じます。飛行機を生命体として見てますから。

佐藤　少し飛躍して言うと、物活論[48]みたいな感じですね。

斎藤　そうですね（笑）。生き物として扱ってるんですよ。そこに愛おしい思い入れを見るのか、ファシズム的なものを見るのか——両方が可能でしょうけれども、これもかなり確信的にやってる感じがします。

佐藤　そうですね。しかし、圧倒的大多数の人々は、ファシズムっていうものを、あまりにも簡単に処理しすぎちゃったんですよ。ナチズムのような極端な事例と混同して、『風立ちぬ』はファシズムの箸にも棒にも引っかからないんだと判断してしまう。ファシズムっていうのは、潜在力が相当あるん

48―**物活論**（ぶっかつろん）物質自体が本質的に生命を持つとする考え。根源的物質である「アルケー」の自己運動を認めた初期ギリシアの哲学者の思想を特徴づけるための思想に由来する。ほかにも物活論は反機械論的思想にも適用され、ルネサンス期の自然哲学や近代のヘッケルの説などにも影響した。

ですよ。

斎藤　そうですね、本当にあります。

佐藤　特に、市場原理主義っていうのを貫いていたら当然、格差が出てくるわけです。格差は構造的な貧困を生み出すので、自分の力ではい上がれなくなる。他方、共産主義の処方箋というのは、実効性を失っている。経済に命が吹き込まれる可能性がないということになると、国家を介入させることになりますよね。

同志社大学生協の組合員証にも「一人は万人のため、万人は一人のため」という言葉が書かれてますが、あれはそもそもファシズムのスローガンです。

斎藤　（笑）。

佐藤　それに対して、左派は全然違和感を感じないわけです。ファシズムって、すごい潜在力があるんですよ。

斎藤　今もですけど、ひと頃の宮沢賢治ブームみたいなものには非常にヤバいものを感じていました。岩手県の県職員全員の名刺には、銀河鉄道が刷ってありますから。賢治は、ヤバい読み方がいくらでもできちゃうんで、ハマりすぎた人って、ちょっとお近づきになりたくない感じがするんです。

佐藤　そうですね。

斎藤　そこらへんを駿は意識していて、たぶん賢治のことが好きなんだと思いますけど、ちょっと距離を取ってる感じがあります。

技術部次長で止まった堀越二郎

佐藤　あと、『風立ちぬ』ではドイツという国が悪い雰囲気で出てます。

斎藤　そうですね。宮崎さんは「ドイツ人は日本人を嫌ってる」という主張のようですから。

佐藤　宮崎アニメでは、えらくドイツ語が多かったですし。

斎藤　そうですね。歌っちゃいますから。

佐藤　最初の夢の中で出てくる飛行機のマークは鉄十字でしたね。

斎藤　ああ、そうでしたか。

佐藤　ドイツを限りなく強く暗示してます。

斎藤　映画の中で、堀越二郎はドイツに行って冷遇されます。宮崎さんは、あのシーンでも泣いたんじゃないかと言われてますけれども。堀越二郎が見学に行く飛行機製作所のモデルはユンカース(49)ですよね。ユンカースがモデルだということも、ユンカースが後にナチスから追放されることの含みがあるのかもしれません。

佐藤　ユンカースで有名なのは急降下爆撃機です。ヒューッと音をさせながら、下がってくる。

　でも、カプローニを出してきて、イタリアに目をつけているところは非常に面白いと思うんです。実は、第二次大戦中、一回だけイタリアから満州国に飛行機が飛んできてるんですよ。無茶苦茶距離を飛ぶ飛行機って、当時はイタリアしか持ってなかったんです。

斎藤　まさかカプロニじゃないですよね（笑）。満州に何しに行ったんですか？

佐藤　連絡機です。

斎藤　連絡機ですか。

佐藤　それで日本はA(50)－26（陸軍での略称はキ77）っていう長距離を飛べる試作飛行機だったんですよね。A－26をドイツまで送ろうと飛ばしたんですけれども、インド洋上で消息を絶っちゃったんです。

　余談ですけど、封鎖突破船っていうのがあったんですよ。これがすごいん

49－**ユンカース**　フーゴー・ユンカース（1859～1935年）が創設したドイツの航空機・エンジンメーカー。第一次世界大戦で、はじめて全金属飛行機を製作した。第二次世界大戦ではドイツ空軍へ軍用機を供給した。フーゴー・ユンカース自身は第二次世界大戦中にナチスを批判したことで、ユンカース社の経営から追放された。

50－**A－26**　日本の長距離飛行のための試作機。陸軍と朝日新聞社がそれぞれ開発費を出し、立川飛行機が製作した。1942年に生産が開始され、初飛行。A－26は通称で陸軍での略称はキ77。通称名の「A」は朝日新聞の頭文字、「26」は皇紀2600年の26から取っている。

です。普通の商船なんですけど、イギリスやアメリカの海上封鎖を突破してドイツの港まで到達するんです。日本の傭船になってから沈んだ船もありますが、ドイツ船としては一七隻中、一二隻が生き残った。けっこう歩留まりがいいんですよ。一七隻のうちドイツ往復に成功したのは二隻だけですけれど、日本に残って活動した船も多かった。連合軍に沈められたのが四隻、追い詰められて自沈したのが一隻です。

斎藤　そんなに行くんですか!?　それは素晴らしい。

佐藤　戦時下、在日ドイツ大使館にいたヴィッケルト[51]が書いた『ドイツ外交官の手記』に出てるんですが、面白いです。

斎藤　装甲が厚いとかそういう特殊な船なんですか？

佐藤　気合いで行くんです。

斎藤　気合いで（笑）。

佐藤　三分の一は沈められるんですから。

斎藤　いやー、気合主義ですよねー。零戦にしても、防御は全然考えてないですし、戦地に行っても帰ってこられない設計になった部分もあります。

佐藤　それに関しては堀越二郎自身は『航空情報』でこう言ってるんです。

〈▼防弾の欠除　これは、ひとり零戦だけではなく、日本のすべての軍用機

51─**エルヴィン・ヴィッケルト**　1915〜2008年。ドイツ生まれの歴史小説家。第二次世界大戦前に中国や日本などを旅行し、極東の専門家として勤務した。6年間駐日ドイツ大使館で外交官として勤務した。在任中にはゾルゲの事件があった。著書に『戦時下のドイツ大使館』など。

に共通の短所であった。敵の攻撃にさらされるのろい中型以上の機まで防弾を嫌ったのは、自ら軍用機であることを忘れて、表面上の数字的性能にとらわれたもの、と評されても弁解の余地はないが、自分の力を頼むことの多い戦闘機が、重量を食う防弾と格闘力とを秤にかけたことには、ある程度理屈が立つ。〉と。「戦闘機は敏捷だから」とエクスキューズしてるんですよ。防弾はいいんだと。それは比較考量の問題で爆撃機の方は反省してくれという話です。このおじさん、全部がエクスキューズみたいなんです。

それから、堀越二郎は戦後も全然偉くなってないから、人柄的にも問題があったんでしょう。

斎藤 (笑)。そう言いますか。

佐藤 ええ。『航空情報』のこの号はすごくて、「続日本傑作物語」と銘打って、設計した連中を捕まえてきて手記を書かせてるんです。このとき堀越二郎は「現・新三菱重工本社技術部次長」ですから。部長になってないんです。

斎藤 なるほど。不思議な話ですね。

佐藤 だから何か問題があるんですよ。

斎藤 それこそ庵野秀明的な問題かもしれません。だから、けっこうリアルだったりして。

佐藤　それに対して、本庄の方は偉くなってるんです。

斎藤　彼の方が社交性は高そうでしたもんね。

佐藤　本庄は新三菱重工顧問、防衛大学校教授ですからね。大したもんですよ。堀越二郎も後に防衛大学校の教授にはなってますが。

斎藤　なるほど。その後の経過は開発した飛行機の比較よりも遥かにわかりやすいです。

佐藤　日本のキャリアシステムって、しっかりしてますね。やっぱり堀越二郎のような人は偉くならないんです。三菱重工は人事評価システムがしっかりしてるんです。

斎藤　（笑）。本庄の出世ぶりと対比するとそうですね。本庄は社交性が高いし出世するタイプですよ。

佐藤　宮崎さんは堀越二郎のそういうところに惹かれてるのかもしれません。意外とみんなスルーしちゃってるんですけれども、『航空情報』に載ってるような、この手の手記が自白調書になってるんですよ。

斎藤　そういう文章に技術論が思わず馬脚を出してるってことですよね。

佐藤　堀越二郎に関して、いろいろ結合して見てみると「あれ？」と思うところが出てくるんです。これは父親に感謝しないといけないんですよ。かつて父親の本棚に『航空情報』のシリーズがたくさん並んでたんです。私が小学生のとき、盗み読みしていました。「確か堀越二郎って、この雑誌の中のどっかに書いてたなぁ」と記憶が甦ったんです。

斎藤 よく思い出しますね（笑）。

佐藤 「確か『日本傑作機物語』ってやつだ」と思い出して、最近古本屋で探したら四〇〇円で買えたんです。

斎藤 よくありましたねー。佐藤さん、それだけ飛行機が好きで、宮崎駿にシンパシーを感じないのは、どうしてでしょうか。

佐藤 いや、今までは特に違和感を覚えたことはありませんでした。家内も宮崎駿の作品が大好きですから。『魔女の宅急便』(52)や『千と千尋の神隠し』も面白いと思って観ました。でも、もう今回の『風立ちぬ』でパタンとひっくり返しちゃいました。

52―**『魔女の宅急便』**（まじょのたっきゅうびん）1989年に公開された宮崎駿監督の長編アニメーション映画の第5作。配給収入は21・7億円。一人前の魔女になるため、1年間の修業に出ることになった少女キキの物語。原作は角野栄子の同名児童書。キャッチコピーは「おちこんだりもしたけれど、私はげんきです。」。

鯖の骨が意味する美意識

佐藤　よくわからないのは、二郎が鯖の骨の美しさに魅了されているエピソードです。

斎藤　ええ。それこそ工学的な文脈で言ったら、デタラメだと思うんですけど、ああいうキーワードを持ってくることで、菜穂子的な「美」と飛行機の「美」が、うまく結びつくんだと思います。

佐藤　なんで鯖の骨の美しさが、何度もしつこく出てくる九六式艦上戦闘機の逆ガル（カモメ）型の美しさとつながるのかが、まったくわからない。

斎藤　おそらく曲線としてはつながらないでしょうね。

佐藤　全然つながりません。まだその主翼の断面図だったらいいですよ。そういうナンセンスな話に、どうして観客は納得して観てしまうのかなぁと思います。

斎藤　ジブリが作った、いかにも「サヴァンっぽい」エピソードということで（笑）。逸話ではないわけですし。「『美』にしか関心がない偏った男」というエピソードなんじゃないでしょうか。とりあえず何でも「美」を見てしまうところというか。

ただ、菜穂子という女性の「美」と、飛行機の「美」は、「水と油」だと思います。だから、その二つを結びつけるのは本当は強引すぎると思うんですけど、宮崎さんはセクシュアリティとしての「美」は認めたくない人なので、彼の中では矛盾がないんでしょう。でも、確かに鯖の骨のエピソードは工学系の人が見たら変に思うでしょうね。

佐藤　宮崎さんにとって、その辺のリアリティはあんまり関係ないんでしょう。

斎藤　そうですね。本物のマニアの人が見たら、宮崎さんの飛行機オタクの度合いがどの程度なのかなぁというのは、ちょっと疑問に思いながら見てるところもあるんです。確かに宮崎さんは詳しいことは詳しいです。飛行機の型には異様に詳しいみたいですし。『風立ちぬ』の中で、計算尺で計算してるシーンとかはたぶんデタラメだろうなという感じが非常にしました。

佐藤　計算尺も今は売ってないですから。

斎藤　(笑)。私は持ってましたけどね。

宮崎さんがちょっとあざといと思ったのは、堀越二郎が「機関銃を載せなきゃ、もっと速く飛ぶ」と言うシーンです。おそらくこれは史実ではないですよね。

佐藤　あり得ないです。武装は絶対的な与件ですから。

斎藤　あれを堀越二郎に言わせてしまうあたりが、ちょっと……。

佐藤　特に、零戦のウリは、「機関銃」じゃなくて、二〇ミリの「機関砲」を載せたところです。二〇ミリの機関砲は画期的な破壊力を持っていました。

斎藤　作りつけですかね。

佐藤　作りつけだと、後継機種で変わってきます。陸軍の隼なんか最初は七・七ミリ、その後一二・七ミリになったんだけれども、二〇ミリの零戦は全然破壊力が違うんです。

斎藤　佐藤さんの飛行機マニアの部分と宮崎さんの飛行機マニアの部分を感じます。

佐藤　いや、私は飛行機マニアじゃないですけどね。

斎藤　詳しいじゃないですか。好きじゃなきゃこんなに出てこない（笑）。

佐藤　私の感覚だとこれぐらい常識です。

斎藤　いやいやいやいや。嘘だ、嘘だ、それは嘘だ。その異様な詳しさは、やっぱり「好き」こそだと思うので。僕は、佐藤さんが宮崎さんと同じ矛盾みたいなものをご自分でどう処理されるのかって興味があるんです。佐藤さんは戦闘機が好きですよね。

佐藤　戦闘機でもプロペラ機のことしかわかりません。

斎藤　やっぱり好きですよね。

佐藤　ジェット機になると、途端関心なくなりますね。

斎藤　プロペラ機は主流じゃないですか（笑）。

佐藤　普通、プロペラ機に関心のある人は、プロペラの「曲線美」を感じると思うんですよ。けれど、僕はプロペラフェチみたいな感じにはあんまりなっていませんでした。

斎藤　ご自分の中の趣味性と、政治性みたいな部分は明確に棲み分けができていますか？

佐藤　趣味性……いや、実は外交官をやってるうちに、何にでも関心を持つようになりますから。

斎藤　（笑）。

「矛盾を抱えて生きろ」

佐藤　彼は何を伝えたかったんでしょうか？　美的な感覚ですかね。それとも伝えたいことはないんでしょうか？

斎藤　美的というよりも、一言で言ってしまうと「矛盾を抱えて生きろ」ということに尽きるんじゃないでしょうか。堀越の戦争犯罪的な部分とか、美の追求自体がおかしな方向に行ってしまう可能性とか、結核を抱えた妻に配慮せずタバコを吸っちゃったりとか、そういうわがままな部分も含めての矛盾だと思います。

佐藤　結核は伝染するかもしれないのに、二人はキスをしますからね。

斎藤　そうそう。宮崎駿自身はそれはフィフティフィフティだと言いたいらしいんですけれども。いずれにしてもそういう矛盾も含めて、堀越の「生」を何とかして自分と重ねる形で自分自身が抱えた矛盾を肯定したいということなんでしょう。宮崎駿が抱えた矛盾はいっぱいあります。彼は「子どもにアニメなんか見せるな」とずっと言ってるわけですよね。

佐藤　それは正しいと思いますよ。

斎藤　「トトロを見せちゃダメだ」(53)と言いながら、すごい作品を作るんで、親としてはそれを子どもに見せないわけにはいかなくなります。ジブリっていうのは、一番根源的な矛盾を抱えてるんです。宮崎駿はそういう自分を丸ごと肯定して引退したかったんでしょう。だから「矛盾を抱えて生きろ」というメッセージを出したんだと思います。

佐藤　そうすると京都学派(54)的な世界に入っていっちゃいますよね。

斎藤　まあ、そういう話になっちゃうんですけど。

佐藤　「絶対矛盾の自己同一」となります。生命としてそのことを受け止めないといけません。

斎藤　私は中井久夫を思い出すんですよね。二〇一三年五月に中井久夫の『「昭和」を送る』という、しばらく封印されてた論文がやっと公刊されました。内容は「昭和天皇免責論」という感じで、そのロジックはけっこう無茶苦茶なんですけど、感動的ではあるんですよ。天皇の病跡学というか、非常に特殊な位置に置かれた人間のメンタルがどんな風に変質していくかということをリアルに書いています。ここまで寄り添われたら、ちょっとこれは簡単に否定できないぞという気分にされるところがあります。

しかも、最後に昭和天皇を免責する理由として、戦後まもない時期に国民

53—**『となりのトトロ』**　1988年に公開された宮崎駿監督の長編アニメーション映画の第4作。配給収入は5・9億円（同時上映の『火垂るの墓』を含んだ金額）。サツキとメイの姉妹が出会った、不思議な生き物・トトロとのふれあいを描いたファンタジー。キャッチコピーは「このへんないきものは、まだ日本にいるのです。たぶん。」。

54—**京都学派**（きょうとがくは）京都帝国大学文学部哲学教室の西田幾多郎（1870〜1945年）、田辺元（1885〜1962年）を中心にして大正・昭和期に形成された哲学者集団。「個体存在の論理」としての西田哲学に対し「社会存在の論理」としての田辺哲学は決定的に対立するようになるが、相互批判を通して独自な学風が形成され、三木清（1897〜1945年）、戸坂潤（1900〜45年）らをはじめとする多くの哲学徒が参集した。

が危機から救われたのは、けっきょくわれわれが東南アジアとベトナムを搾取したおかげだということを挙げています。そういった意味では、当時の日本国民の戦争責任というのは、昭和天皇と大して変わらないんだと言ってるわけです。

佐藤　五十歩百歩論ですね。

斎藤　五十歩百歩論です。

佐藤　でも、五十歩と百歩って違いますから。

斎藤　(笑)。

佐藤　戦争だって、指揮官と兵隊の責任は違います。五十歩百歩論というのはダメなんですよ。

斎藤　中井久夫にしてもダメな理論で天皇を擁護してしまうあたりの愛おしさがあるわけです。

ジブリ作品とファシズムの親和性

佐藤　ファシズムの定義は、「束ねていく」ということ。それから、美とテクノロジーを結びつけること。あと心理観が、スタティック（静的）じゃない。ダイナミックなんです。つまり、生成概念になってくる。

そういったことを考えると、ジブリ作品というのは、全体を通じて、非常にファシズムと親和性が高い作品です。もう『ナウシカ』[55]から始まってずーっとそうですよ。『紅の豚』[56]もそう。強いていうと、『猫の恩返し』だけはちょっと違います。

斎藤　『猫の恩返し』、好きですね（笑）。でもあれは誰も宮崎作品と認識してません。ジブリ作品ではあっても、宮崎作品と比べればたぶん評価はかなり低いでしょう。「アニメファンの中では」という限定つきですが。

佐藤　あれは異質ですよ。

斎藤　絵柄も異質ですし。

佐藤　だから、つまらない内容ですよね。

斎藤　猫が出てくるという点で許していただくということで（笑）。

佐藤　でもそれ以上にネズミが出てきますから。単純な因果応報物語です。

斎藤　そうですね。

僕のジブリランキング一番は『天空の城　ラピュタ』[57]です。『ラピュタ』は普通によくできてます。爽やかですよ。

55―**『風の谷のナウシカ』**（かぜのたにのなうしか）1984年に公開された宮崎駿監督の長編アニメーション映画の第2作。配給収入は7・4億円。「火の7日間」といわれる最終戦争で現代文明が滅び去った1000年後の地球が舞台。キャッチコピーは「少女の愛が奇跡を呼んだ。」。原作は『アニメージュ』に連載していた宮崎監督の同名漫画だが、内容は映画と異なる。文春ジブリ文庫の「ジブリの教科書1　風の谷のナウシカ」には佐藤優も寄稿している。

56―**『紅の豚』**（くれないのぶた）1992年に公開された宮崎駿監督の長編アニメーション映画の第6作。配給収入は27・1億円。イタリア・アドリア海を舞台にした飛行艇乗りの物語。自らに魔法をかけて豚となった中年男が主人公。キャッチコピーは「カッコイイとは、こういうことさ。」。原案は、月刊誌『モデルグラフィックス』に連載された「宮崎駿の雑想ノート」の「飛行艇時代」。

佐藤　『ラピュタ』は『ガリバー旅行記』[58]と重なりますから、ちゃんと古典とつながります。

斎藤　なるほど。『ラピュタ』はロリコン性が一番いい形で発揮されてます。今のところは僕は『千尋』もけっこう好きです。あれも生命主義全開ですけど。『ポニョ』も好きなんですけどね。『風立ちぬ』は三番目ぐらいかな。

佐藤　私はアニメとしての出来にはほとんど関心がありません。

斎藤　(笑)。

佐藤　それはまったく別の位相で、社会的なメッセージ性に関心を持っています。

二郎と菜穂子をめぐる二つの三角関係

佐藤　『風立ちぬ』については、斎藤先生との対談がなかったら、スルーしようと思ってたんです。「不愉快だなぁ、嫌な感じだなぁ」と感じていたので。百田さんの話もそうなんですけれども、ああいうものの危うさをものすごく感じるわけです。ただ、『永遠の0』と『風立ちぬ』は全然位相が違う

57―**『天空の城　ラピュタ』**（てんくうのしろらぴゅた）1986年に公開された宮崎駿監督の長編アニメーション映画の第3作。配給収入は5・8億円。空に浮かぶ伝説の島「ラピュタ」をめぐる冒険ファンタジー。キャッチコピーは「ある日、少女が空から降ってきた…。」。宮崎監督にとっては、原作がない初のオリジナル作品。

58―**『ガリバー旅行記』**（がりばーりょこうき）スウィフト著で1726年に英国で刊行された物語。人間に対する鋭い風刺が描かれている。主人公のガリバーが船医となって海へ出るが、いつもきまって難破して奇妙な国に漂着する。

と思う。『永遠の0』の方は小林よしのりの仲間ですよ。

斎藤　そうですね。扇動的なのは、むしろ『永遠の0』です。だから僕が宮崎駿を否定できないのは、やっぱり『風立ちぬ』には葛藤があり、屈折があり、アイロニーがあるからなんです。そういうところで免罪したのかもしれません。

佐藤　免罪するとか、しないとかいうよりも、宮崎駿は知識人だからこういう作品が出てくるんだと思うんです。いくら封印しようとしたって、日本の中では、京都学派的なものは手を替え品を替え必ず出てきます。たとえば、廣松渉だって、最後は京都学派的なところに行くわけだし。柄谷行人さんだって、そういう傾向を抱えています。

斎藤　柄谷さんは、そこはがんばってるんじゃないでしょうか。懸命に踏みとどまってる気がしますけれども。

佐藤　柄谷さんは自分の中にある京都学派的なものの危険性に気が付いているから、逆にいろんなことをやってるわけですよね。

斎藤　『批評空間』でも京都学派批判をぶち上げてましたから、そう簡単には京都学派的な方向には行かない気がします。

佐藤　彼の書いた「ライプニッツ症候群」なんかを読むと、「ああ、やっぱり京都学派的だな」と思います。

斎藤　そちらの方にどこまで行くのかどうか。僕が宮崎駿に対して、京都学派的なものへの歯止めになってると考えてるのは、彼のロリコン性です。

佐藤　ああ、僕はそこのところは非常に重要だと思います。

斎藤　ありがとうございます。宮崎駿は昔、『白蛇伝』(59)というアニメを観て、白娘（パイニャン）というヒロインに恋愛をしてしまったんです。それがトラウマになって、女の子を中心に置かないと映画が作れない身体になってしまったんですね。まあ私の妄想ですが。すべての作品に少女が出てくる。菜穂子は成人だけど、二郎との歳の差を考えると、やっぱり少女なんですよ。

佐藤　あと、『風立ちぬ』は二郎の妹が非常に重要な役割を果たしてますよね。

斎藤　妹、重要です。妹自身が倫理的な歯止めになってるところもあると思います。

佐藤　菜穂子と三角関係的な構造です。

斎藤　そうですね。

佐藤　菜穂子と二郎の妹は仲良くしてますけど、仲良くないんだってことが暗示されてます。

59 —**『白蛇伝』**（はくじゃでん）1958年に公開された日本初のカラー長編アニメーション映画。中国の四大民間説話の一つである『白蛇伝』を題材にしている。主人公の声は森繁久彌が担当した。

斎藤　(笑)。三角関係と言うと、僕は「飛行機と菜穂子と二郎」という三角関係も想定できるんじゃないかなと思ってまして。美的三角形です。

佐藤　確かにありますね。

斎藤　菜穂子の「生きて」という言葉が、最後に残るという図式から考えても、菜穂子を飛行機よりも優位に描きたかったんでしょう。そこのところで、僕は宮崎駿を免責できるかな、と思ったわけです。「自分にとっては、飛行機の美よりも、少女のうつろいやすい美の方が優位である」ということを言い切ったんです。

佐藤　しかも、『風立ちぬ』の中で飛行機は全部死んでるんですよね。

斎藤　そうです、残骸がたくさん描かれていました。

佐藤　最後の場面では、一機も帰ってきませんでしたが、実際は一機も帰ってこないってことはありません。ちゃんと戻ってきています。

斎藤　それはそうですね。

佐藤　一機も帰ってこないことを描くことで、飛行機を完全に殺してるんです。そこで、ラストシーンで二郎は「生きるんだ」となる。でも、「生き残り」っていう言葉ですが、最近の政治家がよく使うんですよ。「日本国家の『生き残り』」とか。生き残るためには、何をやってもいいわけですから。それを言っちゃ、おしまいよっていう話です。

斎藤　『ＣＵＴ』のインタビューで高橋源一郎が言ってましたが、ある種「生きなきゃならない罰」みたいなところもあるんじゃないかと思うんですよ。主人公は全てに挫折して、生きててもしょうがない燃えかすみたいになってしまった後でも、亡き妻の命令で生かされてしまう。無惨さと言えなくもないかなという気がするんですけれども。あの終わり方は非常に両義的なところがあります。

　もともとラストシーンの菜穂子の言葉は「生きて」じゃありませんでした。「来て」という台詞が「生きて」に変えられたそうです。それだけでも、意味がずいぶんひっくり返っちゃってますよね。「来て」のままだったら、それこそ、ちょっとヤバい映画だったかもしれません。

佐藤　「来て」っていうことだったら、死を超克しちゃいますからね。

斎藤　そうですね。

佐藤　だから、生きている、こっち側の世界と向こう側の世界に対して、境界線を引いてるということが一つの歯止めかもしれません。ただ、両義性がなくなったら、作品として成立しないですから。

斎藤　そう思います。

佐藤　小林よしのり先生の世界になっちゃいますからね。
斎藤　それだけは避けたかったのはあるでしょうし。
佐藤　そりゃ、インテリですから。
斎藤　宮崎駿としては、比較されてもうれしくないでしょう。
佐藤　そう思います。

ロリコンと飛行機オタクの両立

佐藤　ただ、今は批評の力ってないですから。何を批評しても影響を与えません。この超強力な反知性主義政権の下で「それが何だ」となってしまう。
斎藤　ヤンキー政権ですから。
佐藤　そう考えると、ジブリ作品というのは、ぎりぎりのところで教養主義との間の架け橋ぐらいになるでしょう。さらに、そのポイントはロリータかもしれません。
斎藤　そう思います。深読みしようと思えば、それこそトーマス・マン、ヴァレリー、ユンカース……ツボはいくらでもありますから。

佐藤　宮崎さんはそれを計算してやってますよね。

斎藤　そうですね。堀辰雄の要素を物語にもってきたのも、堀辰雄自身が戦争を描かなかったということがあります。

佐藤　「風立ちぬ」っていうワーディングがほしかったからでしょう。

斎藤　ワーディングもありますし、堀越二郎が飛行機オタクを担って、堀辰雄がロリコンパートを担ってると思います。

佐藤　確かに。

斎藤　おかしいんですよ。普通、飛行機オタクと恋愛パートはくっつかないです。物語としてはすごくちぐはぐですよね。だけど、宮崎駿の中では互角だろうとしか思えないので（笑）、自画像としてはピッタリなんです。

佐藤　宮崎さんが蝶番《ちょうつがい》（hinge）になって二つをつないでるわけなんですよね。

斎藤　そうなんです、そうなんです。彼の中で、ロリコンと飛行機オタクは両立してますから、まあ重ねるしかないんでしょう。普通は相容れないものが融合するという意味では、宮崎駿は現在のオタクの有り様を先取りした人でもあるわけです。にもかかわらず、彼は「この、ロリコンども」と言って、オタクが大嫌いなんです。彼自身も非常に矛盾した存在なんですよ。

佐藤　ロリコン性は、おそらくマッチョなものと一緒になりません。

斎藤　そうですね。それに、ナチスの優生学じゃないですけど、ナチ政権のもと、ゲイやレズビアンを弾圧した意味で、当然ロリコンも弾圧されます。そういった意味で、ある種の解毒作用があると思うんです。

佐藤　ただ、ファシズムはロリコンをも包摂できるでしょう。ナチズムは包摂できないんですけれども。

斎藤　うーん、なるほど。

佐藤　ファシズムはそこのところの幅があると思います。

斎藤　ファシズム的な美というのは、どちらかと言うと、真善美的な永遠性や崇高性を志向しませんか。

佐藤　ファシズムって、その真善美に実用性が加わってることだと思うんです。

斎藤　そうです。テクノロジーですから。

佐藤　だから三位一体じゃなくて、何か四つあるんですよね。

斎藤　そうですね。

佐藤　『風立ちぬ』がファシズム的だというのも、テクノロジー性、実用性が入ってるところです。

斎藤　そこを「美」という言葉に置き換えたりもできますね。最終的に実用性の対抗軸として、ロリコンが機能するかどうかという（笑）、際どい問題です。リアルな当事者に聞くと、ロリコン性というのは、非常に儚い美なわけです。対象が一五歳になったら、もう相手にされなくなってしまうという世界です。つねに一過性ではあるという議論です。

佐藤　でも、人を代えればいいわけですから。

斎藤　人はどんどん代えていきます（笑）。

佐藤　そうすれば、永遠に続くわけです。

斎藤　それを永遠性と見るか、反復と見るかですね。

『風立ちぬ』は「国籍のあるアニメ」

佐藤　『風立ちぬ』(60)のDVDがどれぐらい売れるかが非常に興味があります。

斎藤　これもけっこう売れるんじゃないでしょうか。今までの宮崎作品の中では、今回の『風立ちぬ』はアニメファンの間で、賛否が意外に分かれてないんです。

60―**『風立ちぬ』のDVD売り上げ**　『風立ちぬ』のDVDは2014年6月18日に発売された。発売累計枚数はDVD・BDを併せて約20万枚となっている。

佐藤　国際的にはどうなんでしょうか？

斎藤　韓国で叩かれたぐらいしか知らないですけど（笑）、後はどうなってるんでしょう。イタリアのヴェネツィア国際映画祭[61]では賞は取りませんでしたね。

佐藤　国際的な広がりは非常に持ちにくいでしょう。

斎藤　持てないでしょう。一部のインテリのオリエンタリズムにはひっかかるでしょうが。もともと海外でメジャーというわけではないので、それは難しいと思います。

佐藤　その意味からすると、今回の『風立ちぬ』は「国籍のあるアニメ」なんですね。今までのジブリのものは国籍がないんですよ。

斎藤　そうですね。他の映画では、いろんな引用が出てきてますから。

佐藤　『魔女の宅急便』だって、モデルはストックホルムです。しかし、どの国でも通用するような感じがします。

斎藤　ええ。確かに『風立ちぬ』はそういう普遍性は乏しい。むしろ昭和初期の日本が描かれています。

佐藤　帆船で航海するジャンク船[62]とか、よく出てきましたね。ジャンク船が出てくる場面は、どう見ても香港あたりの雰囲気です。

61―**ヴェネツィア国際映画祭**　毎年8月末～9月初旬にイタリアのヴェネツィアで開かれる映画祭。カンヌ国際映画祭とベルリン国際映画祭を加えて「世界三大映画祭」と言われている。

62―**ジャンク船**（じゃんくせん）中国の船の一つ。木造で、宋の時代に発達したが、19世紀以降は蒸気船の普及により衰退した。

斎藤　たしかに。

佐藤　日本であんなジャンク船みたいなのは走ってないですから。それから、富士山が出てくるというのが不思議でしたね。

斎藤　本当かどうか知りませんけど、『風立ちぬ』に対しては、「日本の美しい時代が表現されている」とかいう評価はありますね。どっちかと言うと、『となりのトトロ』に近い感じでしょうか。ただ、『風立ちぬ』は政治色が濃厚です。

佐藤　『トトロ』も多摩ニュータウン[63]のあたりの雰囲気が出てます。ただ、やっぱり『トトロ』は国籍がないんですよ。

斎藤　そうですね。『トトロ』は国際的に最初に受容されたジブリ作品ですから。

曽野綾子が支持されるワケ

佐藤　そうそう、百田さんっていう人は、あの真っ直ぐな感じが櫻井よしこ[64]さんを想起させますね。

63―**多摩ニュータウン**（たまにゅーたうん）東京都の稲城・多摩・八王子・町田の4市にまたがる面積約2884ヘクタールの広さを持つニュータウン。1965年に都市計画が決定し、71年には第一次入居が開始された。

斎藤　（笑）。まあ、ある意味、保守論客はキャラが立ったナイーブな方が多いので。

佐藤　ゆるい感じがいいですよね。

斎藤　曽野綾子[65]さんですか。

佐藤　曽野綾子さんはキリスト教と何か関係あるんでしょうか。

斎藤　関係あるどころかカトリックでしょう（笑）。

佐藤　曽野さんは、カトリックだと宣教はしないとか、人に宗教を勧めないとか、そういうことを言ってるんですが、どういう意味なのか私にはさっぱりわかりません。

斎藤　彼女はキャラが立った保守論客で、それこそ「お筆先の人」ですから。

佐藤　彼女が言ってることが「キリスト教」だったら、私はキリスト教と関係ないでしょうね。

斎藤　佐藤さんには彼女と一回対談していただきたいです。

佐藤　いやいや、時間は限られてますから。そういう無駄なことにエネルギーを使いたくない。

斎藤　でも敵は今や八〇万部ですよ。

64―**櫻井よしこ**（さくらい・よしこ）1945年～。ベトナム生まれ。ジャーナリスト、国家基本問題研究所理事長。『クリスチャン・サイエンス・モニター』東京支局などを経て、1980～96年、日本テレビ系「きょうの出来事」のキャスターを務める。著書に『エイズ犯罪　血友病患者の悲劇』『迷わない』など。

65―**曽野綾子**（その・あやこ）1931年～。東京生まれ。作家。1995～2005年に日本財団会長、1972～2012年に「海外邦人宣教者活動援助後援会」（通称：JOMAS）の代表を務めた。代表作に『遠来の客たち』『木枯しの庭』『神の汚れた手』など。

佐藤　亡くなれば誰も買わなくなるでしょう。

斎藤　まだまだお元気で意気軒昂ですよ。「引退しない人生」とか言ってるらしいですから（笑）。

佐藤　ただ、彼女の書いたもので何か残る作品がありますかね。遠藤周作の作品は残るけれども。

斎藤　「残る」という点ではゼロに近いでしょう。

佐藤　スポーツ新聞と一緒でしょ。

斎藤　ただ、けっこう年配の良識派とかが彼女を割と持ち上げるんで、「こういう素晴らしい人がいた」的な感じで名前は残ると思うんです。白州次郎的な意味で……ちょっと褒めすぎでしょうか。

佐藤　でも、あれだけ戦時中影響があった、武藤貞一[66]も忘れられちゃいましたから。鶴見俊輔の親父の鶴見祐輔だって『英雄待望論』や『膨張の日本』があれだけ売れてもみんな忘れられてます。

斎藤　そういう忘却の彼方に行ってくれればいいんですけれども。

佐藤　日本には説教文学ってありますからね。五木寛之[67]さんにもその傾向があります。

斎藤　説教されたいんですよ。

66｜**武藤貞一**（むとう・ていいち）1892〜1983年。岐阜県生まれ。評論家。東京朝日新聞を経て報知新聞社・主筆となる。戦後は動向社を設立し、反共の立場から評論活動を行なった。著書に『戦争』『大東亜の肇造』など。

佐藤 その「説教」を作品にしている人には、瀬戸内寂聴先生[68]や、最近は林修先生[69]がいます。若者は説教されたいですから。
斎藤 若者は「説教されたい」、年寄りは「溜飲を下げたい」。この二つが合致するとベストセラーが生まれるわけです。
佐藤 まあ、八〇万部といったって、ラジオ番組を聞いてる人だってそれくらいいます。お金を出してるか、出してないかという違いはありますが。
斎藤 本の場合は、購入者の外側に図書館だけでしか読まない人とかいっぱいいくっついてくるので、実質二〇〇万ぐらいいるかもしれないという怖さがあります。
佐藤 それが何か政治的に力になるでしょうか。
斎藤 気運の力になるんじゃないでしょうか。
佐藤 そうすると、ファシズムを下支えすることになるってことですね。
斎藤 純粋にふわふわした気分を作り出す、醸成する作用を持ってるんじゃないでしょうか。

67―**五木寛之**（いつき・ひろゆき）1932年～。福岡県生まれ。作家。生後まもなく朝鮮にわたり戦後引き揚げ。早稲田大学文学部ロシア文学科中退。代表作に『蒼ざめた馬を見よ』『青春の門』など。休筆していた際、西本願寺の龍谷大学の聴講生となったため『親鸞』など仏教に関する著書も多い。

68―**瀬戸内寂聴**（せとうち・じゃくちょう）1922年～。徳島県生まれ。小説家。三谷晴美のペンネームで作家活動をする。1973年、平泉中尊寺で得度し、法名の瀬戸内寂聴を名乗るようになる。2012年、脱原発を主張する経済産業省本館前テントでストに参加した。代表作に『夏の終り』『白道』『場所』など。

69―**林修**（はやし・おさむ）1965年～。愛知県生まれ。東進ハイスクール・東進衛星予備校国語科専任講師。東京大学卒業後、日本長期信用銀行に入社するも半年で退職。予備校講師に転身する。東進ハイスクールのテレビコマーシャル「いつやるか？ 今でしょ！」で注目を集め、2013年度新語・流行語大賞年間大賞を受賞した。著書に『いつやるか？ 今でしょ！』『林修の仕事がうまくいく「話し方」講座』など。

ハイブリッドな宮崎駿

佐藤　別の形から見て、『風立ちぬ』を評価するっていうことだったら、興行成績も上がってるわけですから、この映画の感覚っていうのは今日本人のど真ん中なんでしょう。

斎藤　いや、「スタジオジブリ」というブランドの力が大きいんじゃないかと思うんですよ。

佐藤　ブランドの力を含めて。

斎藤　今は、ジブリに限らずアニメの方が客が入る時代ですから。邦画自体がもう死に体というか。邦画はたまにヒットが出るくらいですもんね。

佐藤　問題は、この種のものが受け入れられる、今の時代の空気だと思うんです。

斎藤　はい。それは保守とか右派とかいうことですか。

佐藤　保守や右派っていう切り口だと間違えると思うんです。

斎藤　「物は言いよう」の典型ですね。

佐藤　それから軍国主義や平和主義ということも間違えると思うんです。たとえば安倍さんは最近「積極的平和主義」って言ってますよね。

斎藤　なるほど。

佐藤　「積極的平和主義」っていうのは戦争するっていうことですから。戦争違法化のもとで、国境を越える警察を活用するしかないっていう議論と一緒です。この安倍政権といい、百田さんといい、曽野さんといい、宮崎さんといい……。

斎藤　そこに宮崎駿を入れちゃいますか（笑）。

佐藤　ハイブリッドで両方にかかってるでしょ。

斎藤　うーん。まあ両方から評価されやすい立場で危ういと思います。

佐藤　両方から評価されやすい人っていうのは、両方から叩かれるということです。そうすると行き場所がなくなっちゃうんですよね。

斎藤　ただ、宮崎駿はもう「国民作家」ですから。致命的な叩かれ方はできないですよ。

佐藤　彼は上手に伏線を引いてるし、商業メカニズムの中でうまく入ってます。自らが商品になることが資本主義社会においては最大の防御です。

斎藤　まあ、村上春樹と一緒で、「商売に関心ありません」って顔をしてますけれども。

佐藤　今のスタジオジブリの星野社長[70]が創価大学出身というのも興味深いですね。

斎藤　学会のアニメもジブリが作る日も近いでしょうか。

佐藤　そうなると面白いですね。『人間革命』[71]とか。『日蓮』とか。

斎藤　日蓮はやりそうだな。何か賢治をモチーフに作りそうですね。選挙対策で作りそうだなー（笑）。まあさすがに駿自身は作らないと思いますけど。今回の引退宣言は三度目の正直ぐらいですから。

　佐藤さんの『風立ちぬ』に対する批判はたぶん駿自身聞いたことがない批判だと思います。宮崎ファンとして全面同意はしませんが、興味深くうかがいました。佐藤さん、宮崎駿と対談、どうですか？「飛行機好き」という一点だけでやっていただきたい。駿は困って出てこないかもしれませんが（笑）。

70―**星野康二**（ほしの・こうじ）1956年〜。北海道生まれ。スタジオジブリ代表取締役社長。創価大学卒業後、米国ニューヨーク州立大学オルバニービジネススクールにて、MBAを取得。1983年、米国の建材メーカー、アームストロング入社。カーナビゲーションメーカーのアルパインを経て90年にウォルト・ディズニー・ジャパン入社。2000年には同社の代表取締役となる。08年にスタジオジブリに移籍し、代表取締役社長に就任。

71―**『人間革命』**（にんげんかくめい）創価学会第2代会長・戸田城聖（1900〜58年）と第3代会長・池田大作（1928年〜）による連作の小説。創価学会草創期からのエピソードなどを小説化したもの。

第四章
日本にヒトラーは来ない

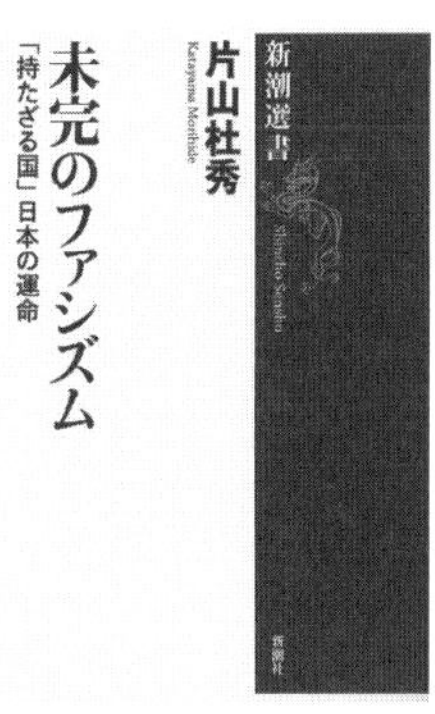

『未完のファシズム』

著者：片山杜秀　新潮選書

日露戦争で短期決戦の大切さを痛感した日本軍。
さらに第一次世界大戦で、
現代戦は物量戦になるということを知り、
「持たざる国」である日本が、アメリカ・イギリス・ソ連などの
「持てる国」を相手に長期戦争をしても勝ち目はないことを悟った。
しかし、いつしか「必勝信念」を積み上げれば
必ず敵を倒せるという考えに変わり、
第二次世界大戦へと突入してしまう。
また戦後に根付いた「日本はファシズムだった」という通念に対し、
著者は「むしろ日本はファシズム化に失敗した」と主張する。

佐藤　今までＡＫＢ、村上春樹、『風立ちぬ』と話してきましたけど、大前提として、「サブカルチャー」って成立するんでしょうか。
斎藤　成立するか否かとは？
佐藤　要するに、カルチャーとサブカルチャーの境界線はもうないんじゃないでしょうか。
斎藤　ああ、とっくにないと思います。メインカルチャーがなくてサブカルチャーだけがはびこってる状態が、ゼロ年代からずっとあると言っていいでしょう。
佐藤　まさにその「カルチャー」の問題がファシズムと関係してると思うんです。
斎藤　なるほど。
佐藤　どういうことかと言うと、かつて丸山眞男が、日本のファシズム論で、ファシズムは亜インテリが作りだしたものだということを言ったんです。この言説は、「自分たち真性インテリにはファシズムに対する責任がない」っていう免罪の論理になったわけなんです。
　ところが、文化を作り出すインテリがいなくなって、亜インテリがサブカルチャーを作って、さらにカルチャーが全部サブカルチャーになると、文化を作り出すのは全て亜インテリになってしまう。あんまり好きな言葉ではないですけど、いわゆる「劣化」という言葉が、いろんなところで使われているのは、文化の問題と関係してると感じます。

それで、コンビニでウンコ座りしてるような連中が、国会に出てきて政治をやってるなんていう考えられない状況が、ずっと続いてるわけなんです。

斎藤 (笑)。維新の会が代表です。これはある種、必然の流れという印象があるんです。日本社会において、ファシズム的な萌芽はいろんなところにあると思うんですよ。『風立ちぬ』の対談のときも佐藤さんは「ふやけたファシズム」とおっしゃいましたが、日本でファシズムを実現しようとすると、芽はいっぱい出てくるけれども、必ずふやけてしまう状況があるんじゃないでしょうか。

佐藤 そうすると、ファシズムについて、暫定的に定義する必要がありますね。

斎藤 そうですね。いただいた新明正道[1]さんの『ファッシズムの社会観』はとても示唆的です。一九三六(昭和一一)年に出た本ですね。

佐藤 『ファッシズムの社会観』では、ファシズムがむしろ新しい知性の主流だと書かれています。新明さんは、ファシズムが嫌いなんだけどファシズ

1―**新明正道**(しんめい・まさみち) 1898〜1984年。台湾・台北市生まれ。社会学者。東京帝国大学で吉野作造に師事し政治学を専攻。その後社会学に転じ、社会の形式と内容との区分を克服した行為連関を主要概念とした総合社会学体系を樹立した。著書に『形式社会学論』『社会学の基礎問題』『社会本質論』『ファッシズムの社会観』など。

ムについて書いてるっていうところがいいんですよ。

斎藤　この本には、大正生命主義(2)の名残りがあるんです。「ファシズムの定義」とまでは言わないけれども、近いところで「ファシズムは生の発現なんだけれども、それを非常に組織化された形で発現させるもの」というような表現があって。これはけっこう腑に落ちた定義です。ファシズムは、テクノロジーにも、美学にも両方につなぐことができます。生命的なものを知的に組織したインフラと言ってもいいし、アーキテクチャと言ってもいい。その中で、全面的に実現していこうとする思想の総体という捉え方ですね。

　田中智学が主宰した「国柱会」は、いわば法華経ファシズムともいうべき思想をはらんでいて、信徒には以前述べた宮沢賢治の他に、関東軍参謀副長の石原莞爾がいます。石原の「世界最終戦争」の構想は、賢治の「たとへば宇宙意志といふやうなものがあつてあらゆる生物をほんたうの幸福に齎《もたら》したい」という願いと表裏一体で、いずれも、この地上の理想化・楽園化を目指すという点では、ファシズムにきわめて親和性が高いものです。こういう前提で私なりにファシズムを定義するなら、「システマティックに生命主義の実現を目指すイデオロギー」となります。

佐藤　要するに、生命を種として考えるということです。有機体と言っても

2―**大正生命主義**（たいしょうせいめいしゅぎ）生命主義とは「生命」という概念をすべての根源とする考え。実証主義に立つ自然征服観に対立する思想。日本では生命主義の隆盛が大正期に見られたため「大正生命主義」と言われる。

いいですね。それで、文化とかいろんなものを種ととらえて、個体よりも種の生き残りを優先させる。

斎藤 そうですね。

佐藤 私も斎藤先生の生命主義的な定義に賛成です。ひと昔前まで左翼の間で流通していたゲオルギー・デミトロフ(3)の定義、すなわち、金融帝国主義、金融独占資本が発達した中で、帝国主義の最も野蛮な収奪性を持っているのがファシズムだというような定義じゃない方がいいと思うんですよ。

斎藤 あんまり価値判断を入れすぎると、ヤバい兆候をすくい上げるとき、「これはそういう野蛮なものではないから」というような言い方ができてしまいますから。価値判断ができるだけ入らない定義の方がいいでしょう。

佐藤 僕もそう思います。

斎藤 ただ、「独裁」を定義の中にどう入れるかは、ちょっと悩ましいところです。やっぱり独裁は独裁ですよね。

佐藤 独裁は独裁ですし、寡占は寡占です。経済の方に行くと、独占は独占です。ただ、思想として、生命論的な形で理解していくのがいいでしょう。

斎藤 そうですね。

佐藤 そうすると、最近の脳科学の話なんて、別の形でファシズムが入って

3 ― **ゲオルギー・デミトロフ** 1882〜1949年。ブルガリア元首相。1902年、ブルガリア労働者社会民主党に入党。23年、ブルガリアの9月蜂起の指導に失敗し、国外に亡命した。亡命中、33年ドイツ国会議事堂放火事件に関与したとされ、逮捕されるも無罪となった。35年、コミンテルン書記長となり、45年、第二次世界大戦後、ブルガリアに帰国し首相となった。

いるという風に見えてきます。

斎藤　そうなります。

日本でファシズムが起きるとしたら……

斎藤　日本社会において、脳科学からジブリアニメに至るまで、ファシズム的な萌芽は本当に至るところに見出せるんだけれども、僕はたぶんこれらが成熟形態に至ることはないだろうという考えです。「だから安全」というわけでも、もちろんありません。そういう仕組みになっているというか、そういう心性になっているというか——というのが議論の大前提なんです。

佐藤　ファシズムの芽が成長する契機は、どこにあるのでしょうか。

斎藤　ファシズムの成熟まで至らない日本のシステムとして、片山杜秀さん[4]の『未完のファシズム』が、非常に示唆的だったんです。この本の中にも、ファシズムの芽が日本にたくさんあるということが書かれています。特に、生命主義や片山さんが言うところの精神主義です。精神主義の根っこは、いろんなところに見出すことができるんです。ただ、それがちゃんと成熟して

4―**片山杜秀**（かたやま・もりひで）1963年～。宮城県生まれ。思想史研究者、音楽評論家。著書に『音盤考現学』『音盤博物誌』『未完のファシズム』『国の死に方』など。

いかないのはなぜかというと、片山さんが一番強調しているのは、天皇制に対する考え方です。片山さんの大前提として、日本でファシズムを実現するとしたら、天皇独裁以外ないということです。ただし、「うしはく」と「しらす」という二つの支配形態がありますが、天皇制は「うしはく」という強権的な支配は禁じられて、「しらす」の形になりました。「しらす」というのは、ある意味、天皇が超越的な鏡となって、国民を映し出すという形態です。天皇制の中に、「しらす」という支配体系がインストールされて、天皇制がそのまま成長してくるので、強権的な支配には到底なりえないという理屈になります。

それからもう一つは、本当かどうか知りませんが片山さんの見方では、明治憲法下での政治システムでは、個人が全体を統括することが非常にやりにくいということです。いい意味で縦割りのシステムが硬いということなんでしょう。

佐藤　それで、最後に「天皇」の名前において、いろんなことを公布するわけですから。そこで鏡が出てくるということですね。

斎藤　そうです。片山さんによると、たとえば、東條英機[5]が一番独裁と言われたけれども、その東條ですら、政権を持ってる当時から、「独裁」と批判

5—**東條英機**（とうじょう・ひでき）1884～1948年。東京生まれ。軍人・政治家。関東軍参謀長、陸軍大将などを歴任。1941年、第40代内閣総理大臣になり、陸軍大臣と内務大臣も兼務し、英米に宣戦布告した。敗戦後、東京裁判でA級戦犯として死刑判決が出て、48年に巣鴨拘置所内で絞首刑。

があったり、東條は独裁をしたかったけれども、非常に苦労して、けっきょくはできなかったという言い方になってます。

北朝鮮のファシズム

佐藤 北朝鮮はファシズムに非常に近いと思うんですよ。

斎藤 近いというか、そのものじゃないですか!? まさにテクノロジーと生命主義が非常に密接な形で結びついています。いまだにこの状態が成立してること自体が信じがたいというか。まあ、クーデターは起きかけたんでしょうけど。

佐藤 大変なテクノロジーですよね。実は二〇一三年一二月五日の夜に、アントニオ猪木先生に呼び出されたんです。

斎藤 (笑)。北朝鮮絡みですか。

佐藤 ええ。猪木先生は一三年一一月、北朝鮮に行ってきたでしょ。それで六〇日間党員資格停止ですから、一二月五日の時点では、まだリングに上がれない状態でした。先生が退屈していたようで、私が呼ばれたんです。ちょうどその五日の午前中に張成沢[6]の側近二人が銃殺されました。張成沢も失脚するんじゃないかという説が、韓国発の情報で流れたんですよ。猪木先生は張成沢と会ってきたので。

斎藤　何を喋ったんですか？

佐藤　猪木先生に聞いたら、張成沢は「一月に北朝鮮にみんなで来てくれ」と言ったそうです。日本の外務省の人間も大歓迎すると。なので、私が「その話はともかく、話の中で何か気になることなかったですか？」って聞きました（笑）。そうしたら、猪木先生がうーんって、しばらく考えて、「ああ、そう言えば」と思い出して。張成沢に「猪木先生、勇気を持って、よく来てくださいました。あなたの正しさは歴史が証明する」と言われたそうです。

斎藤　（笑）。

佐藤　（笑）。だから私が、「先生、独裁国の人が『歴史が証明する』って言うときは、政争に巻き込まれて敗れることを予測しているときですよ」と説明しました。「死刑になるかどうかはともかくとして、失脚するということがわかって、猪木先生にメッセージを託していますよ」と。そうしたら、猪木先生が「そう言われてみれば、張成沢は神妙な顔をしてたなぁ」と思い出してました。傑作なのは、私が「日本の官邸とか、内閣情報調査室とか、外

6―張成沢（チャン・ソンテク）１９４６～２０１３年。朝鮮民主主義人民共和国の政治家。妻は、金日成の娘・金敬姫。義兄である金正日の側近を務めた。金正日の死後、甥である金正恩の後見人的存在となり、朝鮮民主主義人民共和国国防委員会副委員長、朝鮮労働党中央委員会政治局員、朝鮮労働党中央軍事委員会委員、朝鮮労働党中央委員会行政部長などの要職を務めた。金正恩体制で実質的なナンバー2とされていたが、２０１３年12月に粛清され、朝鮮労働党から除名された。同月12日に「国家転覆陰謀行為」により死刑判決を受け処刑された。

務省とかは接触してきたんですか」って聞いたら、猪木先生が「ううん、誰も来ない」って言って。

斎藤　みんな、相手にしてない（笑）。

佐藤　「外国の情報機関らしい奴は来たけどな。日本人は誰も来ないぞ」って。私が「張成沢が猪木先生に『正しさは歴史が証明する』って言ったことは、今、お話しになるのが初めてですか？」って聞いたら、猪木先生が「うん、今思い出したんだもん」って。こんな感じでした。

斎藤　記憶頼みか!?

佐藤　でも、全部ビデオに撮ってあるそうです。しかし、こんなのは記者がちゃんと追いかけてやれば、翌日の一面トップじゃないですか。

斎藤　誰も期待してないでしょう。

佐藤　しかも、音源と映像があるわけですから、「見せてくれ」って言えばいいんです。ところが、誰も猪木先生のことをキワモノと思って行かないんですよ（笑）。一二月中旬になって猪木先生と張成沢の報道が出てきたぐらいです。

斎藤　まさにそれは日本のヤンキー政治を象徴する話です。トップにそういう人を置いてしまうところが、われわれのかわいげと言いますか……。

佐藤　だから、猪木さんも気になって、私に連絡をしてくることになるわけです（笑）。「北朝鮮に行ってきたけど、どう読めばいいんだろう」ということで。

斎藤　行く前に呼べばいいじゃないですか。

佐藤　一緒に行こうって誘われてたんですよ。

斎藤　ああ、そうなんですか。

佐藤　「ぜひ、またの機会にしてほしい」とお断りしました。

斎藤　（笑）。

佐藤　小沢一郎さんの秘書の石川知裕(7)さんが、この前平壌《ピョンヤン》に行ってきたんですよ。そのときのお土産に、高麗ホテルの売店で買った金正恩《キムジョンウン》著『最後の勝利を目指して』をもらいました。この本は面白いですよ。イデオロギー操作をしてます。金日成《キムイルソン》主義を変更して、金日成・金正日《キムジョンイル》主義というものに変えてるんですね。

斎藤　なるほど。

佐藤　これはスターリンが、マルクス主義を改めて、レーニン主義（マルクス・レーニン主義）にすることによって、政治体制を確立していったプロセスによく似てるんです。レーニン主義を確立するプロセスで、ブハーリン裁

7—**石川知裕**（いしかわ・ともひろ）1973年〜。北海道生まれ。大学在学中より書生として小沢一郎の自宅に住み込み、卒業後、小沢一郎事務所に入所。2007年、衆議院議員に繰り上がり当選してから、計3回当選。小沢一郎の資金管理団体「陸山会」による土地取引をめぐり、政治資金規正法違反の罪で禁錮2年、執行猶予3年の有罪判決を受けた。2013年、議員を辞職。著書に『悪党　小沢一郎に仕えて』など。

判がありました。今回の張成沢の処刑は、このブハーリン裁判に非常に似てる感じがする。

斎藤　『最後の勝利を目指して』は日本語で書かれてますね。北朝鮮で出版されたんですか。

佐藤　もちろん。ちゃんと訳して日本語になってるんです。

斎藤　そうか、拉致した人がいっぱいいるわけだから、ちゃんとした日本語になってるんですね。綱領というか、理想が書いてあるというか。

佐藤　金日成・金正日主義のところを引用すると、〈金日成主義を時代と革命に即して要求し発展させ豊富にした金日成同志の出生と別のものにある、金日成・金正日主義は我が党の指導思想として認められてきました。しかし、限りなく謙虚な金正日同志は、金正日主義はいくら掘り下げても金日成主義以外のものではないとして、我が党の指導思想に自分の尊名を結びつけることを厳しく差し止めました。今日我が国と朝鮮革命は、金日成・金正日主義を永遠なる指導者として訓示していくことを決めています〉と書かれています。要するに、父親が禁止した遺訓に反して、金日成・金正日主義っていう思想を作ってるというロジックなんです。金正恩は、思想を作ったことによって、父を超えたんです。

それから、すごくおっかないこと言ってるんですよ。〈革命家の血筋を引いているからといって、その子が自ずと革命家になるわけではありません。偉大な大元帥たちがNOと言ってるように、人の血は遺伝しても思想は遺伝しません〉と。これは「親子だって、何だって、許されねぇぞ」ということを表してます。私はこういうのを読むと興奮します。ダメですね。

斎藤 （笑）。

佐藤 新しい思想を入れ込んで、新しい思想を取り込んでいるかどうかのチェックを受けた奴しか生き残らせないってことです。エリート層を変えるって意味ですよ。

斎藤 北朝鮮は、結果的に世襲ですよね。

佐藤 血がつながっていて、なおかつ、思想もできているという、二つの要件をクリアしてないとダメなんです。それから、これからは数学を勉強しないといけないって言ってます。

斎藤 それはIT系のことでしょうか。

佐藤 IT系です。

斎藤 ちゃんとした理論があるんですね。一国の理論武装として、ちょっと薄いでしょうか（笑）。

佐藤　まだ三〇歳ですから。
斎藤　金正恩本人が書いたということになっているんですか？
佐藤　もちろん実際はチームで書いてるんですけど。
斎藤　ただ、『最後の勝利を目指して』には意気込みはいっぱい書いてあっても、理論は薄いんじゃないかという気がしてならないんですけど……どうなんでしょう。
佐藤　それなりに深さはあるんじゃないでしょうか。
斎藤　確かに美辞麗句は並んでますけど。
佐藤　私はソ連が長いですから、こういう文章には慣れてるんです。
斎藤　似てくるわけですね。
佐藤　「金日成・金正日主義」って聞いた途端、イデオロギー転換が起こってるわけですから「うぇ～、恐ろしい粛清だ」って、すぐにわかりますから（笑）。
斎藤　北朝鮮は精神主義なんですか？
佐藤　『最後の勝利を目指して』にも出てきます。
斎藤　どういう風に煽ってるんですか。よくニュースキャスターが激しい口調で話してますが。

佐藤　朝鮮戦争のときの偉人伝では、「最期になったら心臓を投げつける」という話があるそうです。

斎藤　心臓を投げつけるんですか!?

佐藤　「魂魄」とか言って。『戦陣訓』[8]みたいな話がたくさんあります。

斎藤　『最後の勝利を目指して』は北朝鮮の『戦陣訓』なんですね。ちなみに、北朝鮮って儒教文化の名残はあるんでしょうか。

佐藤　人によって違うんですけど、鐸木昌之[9]先生は、儒教だって言います。それに対して、和田春樹[10]先生は、アマルガム（合金）で、キリスト教の要素もかなり入っているって言うんですよ。

斎藤　儒教が入ってるんですね。

佐藤　儒教は強いと思いますよ。

斎藤　世襲なのもその傾向でしょうか。粛清された張成沢は義理の叔父だから……。

佐藤　血がつながってないんです。

斎藤　血縁主義とキリスト教が混ざると質が悪いということですね（笑）。

8―**『戦陣訓』**（せんじんくん）1941年1月8日、当時陸軍大臣だった東條英機が公布した軍人への文書。「軍人勅諭」も実践を目的として、具体的な行動規範が書かれている。「生きて虜囚の辱を受けず」の一節がある。

9―**鐸木昌之**（すずき・まさゆき）1951年～。神奈川県生まれ。政治学者、尚美学園大学教授。専門は朝鮮政治。著書に『東アジアの国家と社会⑶北朝鮮―社会主義と伝統の共鳴』など。

10―**和田春樹**（わだ・はるき）1938年～。大阪府生まれ。歴史学者。東京大学社会科学研究所教授、所長を経て、東京大学名誉教授、東北大学東北アジア研究センター・フェロー。専攻はロシア・ソ連史、現代朝鮮研究。「女性のためのアジア平和国民基金」設立にかかわった。著書に『朝鮮戦争』『北朝鮮現代史』など。

ＩＴがファシズムの障壁に

斎藤　僕は北朝鮮のような形でしかファシズムは生き残らないという印象があって。しかも、北朝鮮の形態ももう無理ではないかと感じてます。

佐藤　そうすると、一〇〇〇万人を超えてる国でこんな体制が維持できてるということは奇跡ですね。巨大なブラック企業みたいなもんです。

斎藤　利益をあげてるかどうかはわかりませんけれども、ブラックには違いないです。たぶん北はまだ南に比べればＩＴの普及率が遥かに低いですよね。

佐藤　全く違うでしょう。

斎藤　そこが、けっこう大事かなという気がします。

佐藤　そうですね。北朝鮮のＩＴは特別ですから。

斎藤　そうです。

佐藤　ＩＴでつながってないところは、サイバー攻撃を受けることがないですから非常に強いですよね。北朝鮮は列車だって、いまだに昔のようなダイヤグラムを組んでるわけですから。ところが、攻撃は一方的にできる。そこが非対称的で強いと思います。

斎藤　中国もかなり強力なファイアーウォールみたいなものがありますけれども、北朝鮮には敵わないです。ＩＴが解放されちゃうと、ファシズムの芽が出ても頓挫するという形にならざるを得ないというか。ある意味、ネットワーク化が進んだことによって、安全弁ができたと言えなくもないでしょう。

佐藤　それは確かにそうですね。ファシズムにおいては、やっぱり「内」と「外」を分ける構造を作らなくちゃいけません。

斎藤　そうですね。

佐藤　ところが、ネットがあると、拡散しちゃいますから。

斎藤　必然的に拡散します。すぐに外部に開かれた状態になってしまっては、ファシズムは成立しがたいです。閉じてないといけないというか。

佐藤　その通りだと思います。開かれた状況で、どういう風にしたら閉じることができるんでしょうか。

斎藤　それは中国のように、人海戦術でファイアーウォールを作るしかないかなと思います（笑）。

佐藤　人海戦術……。

斎藤　情報のフィルタリングです。たとえば、中国はフェイスブックやツイッターは禁止です。あと、ダウンロードを許さないようで、誰かがダウンロードを始めると、それを止めるような交換手みたいな人がいっぱいいるんです。ダウンロードはハードウェアとソフトウェアでは制御できないわけですから、人間が監視してないと無理でしょう。だから、中国では人海戦術で押し切っちゃってる。中国ぐらい完璧にITをフィルタリングしてる国は他にないんじゃないでしょうか。そういった意味では、中国はある種の閉じた空間です。経済の面との非対称はありますけど。

佐藤　あとは何かやり方があるんでしょうか。イデオロギー的に外の情報を見ないような感じにするとか。

斎藤　フィルタリング以外の方法でっていうことですよね？

佐藤　ええ。

斎藤　それは非常に難しいでしょう。

佐藤　となると、ネットの中での人間たちの主張が、国家政策やエリートの政策につなげられないような遮断システムを作ろうということになりますね。

斎藤　でも日本は、実質的に遮断されてると思います。政治運動をはじめ、ネット上とリアルは乖離しちゃってますから。この状態はずっと続いてます。ネット選挙の議論は盛り上がらないから、安倍政権も安心してネットの選挙運動は解禁しちゃったじゃないですか。いくら解禁しても全然影響力がないからですよ。

佐藤　それはその通りだと思います。

斎藤　韓国では、ITはけっこう選挙への影響力はありますね。アメリカでもオバマは、ネットの力で大統領になりましたから。日本だけが違います。

佐藤　だから、日本では、ハフィントンポスト[11]が今ひとつ力を持たないですよね。

斎藤　オーマイニュース[12]もダメでしたし。ああいうのが全然流行らないです。リアルとバーチャルをつなぐ意思がないというか。

佐藤　じゃあ、やっぱりAKBみたいなのがいいわけですね。

斎藤　せいぜい握手がリアルですよ（笑）。

佐藤　抱きつくことはできないけど、握手まではできる。

斎藤　古いセリフですが「抱けないけど、抱きしめられる」ってやつです（笑）。

11｜**ハフィントンポスト**　2005年に米国で開設されたインターネット新聞。ニュースやブログを中心に読者が意見を交わすオピニオンサイトの機能も果たしている。日本語版は朝日新聞社と連携して2013年5月に開設された。日本語版の開設から6カ月経ったところで、松浦茂樹・編集長（当時）は「現状ではまだまだコメントの数・質ともに足りていない」と語っていた。

12｜**オーマイニュース**　2000年に韓国で開設された市民参加のニュースウェブサイト。02年の韓国大統領選挙において、盧武鉉政権成立の原動力の一つになったと言われている。06年、日本語版が開設され、初代編集長に鳥越俊太郎が就いたが、経営状態が悪化。08年、「オーマイライフ」に変わったが、それも09年に閉鎖された。

オタクはファシズムに呑み込まれない

佐藤　あと最近、アニメで戦艦が女の子になったりするのがあるじゃないですか。

斎藤　ブラウザゲームの「艦これ」ですね。「艦隊これくしょん」ってやつです。

佐藤　あれはどういう風に見たらいいんですか。

斎藤　艦これは擬人化モノと言って、すごく伝統があるんです。昔から戦闘機や戦車の擬人化ってあるんですけど、たとえば、隼や零戦も擬人化したりします。

艦これの前にヒットしたのが、「ガールズ&パンツァー」という茨城県大洗町の町おこしに使われたアニメです。アニメの中では、大洗の沖に空母が碇泊していて、その空母に女子校がある（笑）。華道や茶道のように、戦車を使った武士道の「戦車道」があるという設定で、女の子が学校で戦車に乗って戦う。戦うと言っても、殺傷能力はありません。このアニメがすごい人気を集めまして、実際町おこしができちゃったわけです。自衛隊が協力して大洗町に最新鋭戦車を派遣したりとかして、すごい盛り上がったんですよ。この現象が県外にも飛び火しちゃったんです。艦これは「ガールズ&パンツァー」の系譜に属するものです。艦隊を女体化して、キャラクターにしちゃう。

こういう擬人化モノのいいところは、オタクのフェチシズムにすごく適応性が高いところです。宮崎駿が零戦を擬人化したみたいなもので。「戦闘機も好きだけど、女も好き」、つまり、オタクには、テクノロジーも好きだけど、エロス（萌え）も追究したいという性向があるわけです。

佐藤　そうですね。

斎藤　このオタクの性向を両方同時に満たすには、擬人化がぴったりなんです。「テクノロジーも語りたい。だけど、女の子も愛でたい」という欲望は、本来なら矛盾するんですけど、

佐藤　そういうキメラみたいなものを作ると、オタクの人たちはすごく喜んじゃうわけですね。

斎藤　喜ぶわけです。なぜならば、彼らは女の子について語りたいんだけれども、化粧の知識もない、ファッションの知識もない――女の子に関する何の知識もありません。だけど、戦艦のスペックは詳しいわけです。だから、

「このキャラは戦艦として、△△な性能を持ってるから、これと××を組み合わせたら強いはずだ」とか、いくらでも語れるんです。

佐藤　そういうことに熱中してる人口と、その予備人口はどれくらいいるんですか？

斎藤　それは知りませんけど（笑）。野村総研ではオタク人口は二七〇万人という統計があって。これはＤＶＤの売り上げなどから出てきた概算数字らしいです。

佐藤　エストニアの人口一三四万人の二倍くらいですね。

斎藤　あはははは（笑）。ただ、象徴的なのがコミケ（コミックマーケット）です。コミケは延べ人口五〇万人が毎年集まってると言われていて、あそこに集まるのは、オタク密教というか、相当濃い層が来てると考えていいでしょう。オタク活動してる人の中でも、とりわけ同人誌を作ったり、売ったり買ったりするタイプの人が集まります。濃いオタクというのは全体の一割程度ですから、その一〇倍と考えると、オタクは五〇〇万人はいるだろうという概算が出てきます。

佐藤　その五〇〇万人はファシズムに対する耐性を持ちそうな人たちになりそうですか？

13一**辻潤**（つじ・じゅん）１８８４〜１９４４年。東京生まれ。評論家。１９０９年、上野高等女学校の教員だった頃、教え子の伊藤野枝と恋愛関係になり、教職を追われた。16年、妻・野枝が家出をして大杉栄と同棲すると、比叡山の宿坊に入り、酒を飲み尺八を吹くなどの放浪生活をしながら翻訳をした。武林無想庵らとともに大正期のダダイスト（既成のあらゆる価値体系を否定し、極端な反理性主義を唱える人）を代表する。代表作に『浮浪漫語』『絶望の書』『癡人の独語』『ですぺら』など。

斎藤　なると思います。なぜかというと、彼らはセルフカルトなんですよ。「俺が一番偉い」とは違うんですけど、「俺以外の奴に全面的に帰依するなんてありえない」という自意識の人々ですから。

佐藤　戦前の例で言うと、ダダイストの辻潤(13)が思い浮かびますね。伊藤野枝(14)の最初の旦那さんで、伊藤野枝が大杉栄(15)のところに走った後、辻潤は世の中をぶん投げて、尺八だけを吹いていた。しかも、戦時体制に一切協力せずに、アパートで餓死しました。

斎藤　オタクの人たちが、そこまで高潔な生き方をしてるとは思えませんけれど（笑）。

佐藤　「俺に触るな」っていうのが、基本的なラインです。

斎藤　「俺に触るな」と言いますか、オタクは内輪でつながりたいっていう感覚があるんです。だから、必ずしも孤立は生まない。オタクは意外と社交的で、趣味が合う連中とは、ほどよくつるんでいたいという志向がすごく強いんです。密着は絶対に嫌なんですけど。

佐藤　猫の集会みたいな感じですね。

斎藤　オタクは猫が大好きですから。

佐藤　猫の集会でも一定の距離を取りながら、みんなで座ってるじゃないで

14｜**伊藤野枝**（いとう・のえ）1895〜1923年。福岡県生まれ。運動家。福岡県糸島郡今宿村の貧しい瓦職人の家に生まれ、親の決めた結婚を拒んで出奔し、通っていた東京上野高等女学校の教師・辻潤と結婚。平塚らいてうを中心とする『青鞜』に参加。1916年、夫と子を捨て大杉栄と同棲。『文明批評』『労働運動』などを共に編集した。23年、関東大震災の混乱の最中に大杉らと軍部に虐殺された。

15｜**大杉栄**（おおすぎ・さかえ）1885〜1923年。香川県で生まれ、幼少期を現在の新潟県新発田市で送る。思想家・活動家。明治末期の社会主義結社「平民社」に関わったが、その後、アナーキズムに傾倒。何度も投獄されているが、そのたびに「一犯一語」で、エスペラント語やフランス語などを獄中で学んだ。フランスで投獄されたときは強制送還された。妻を捨て伊藤野枝と同棲。最後は、憲兵隊の甘粕大尉らによって虐殺された。著作に『自叙伝』『日本脱出記』『無政府主義者の見たロシア革命』など。鎌田慧による『大杉栄　自由への疾走』および『大杉榮語録』があるほか、関連図書多数。大杉の娘・伊藤ルイによる著作もある。

すか。それで、傍に寄っても知らんぷりするっていうのは好意を持ってる証拠ですし。

斎藤　猫に近いところはあると思います。一定の距離感で集まりたいという感覚です。コミケなんてすごいですよ。もう本当に立錐の余地もないくらい密集してるにもかかわらず、距離感がありますから。

佐藤　いいですね。

斎藤　非常にいいモデルです。

佐藤　斎藤先生も非常に居心地がいいんじゃないでしょうか。

斎藤　僕も居心地がよかったです。ただ、臭いがすごいですけど（笑）。クーラーが利かない会場で、みんな汗だくなので。風呂に入らない連中があれだけ集まると大変なことになります。

佐藤　風呂が嫌いな人、多いんですか。

斎藤　多いです。オタクには「臭いだけ何とかしてくれれば、みんな許すのに」という人が多いですね。コミケのときの会場近くの電車の中は非常な悪臭が漂うということが、有名な話になってます。

佐藤　タリバンの代表が来るとそうなんですよ。一度もお風呂に入ったことない人たちばっかりですからしばらく部屋から臭いが抜けませんでした。

斎藤　多少は香料か何かつけてるんじゃないんですか。

佐藤　それが何か混ざって、一層きつい臭いになるんですよ。

斎藤　そうでしょうね。

佐藤　しばらく部屋から抜けないんです。しばらくっていうのは、二、三日ということですよ。

斎藤　(笑)。体臭は残りますよね。

ヤンキーもファシズムに呑み込まれない

佐藤　私も、おそらく日本にはファシズムっていうのは来ないと思うんですよ。

斎藤　ファシズムの形態は取らないだろうっていう感じがするんです。別の危険はあるかもしれませんけれども。

佐藤　斎藤先生がおっしゃるヤンキー政治ですね。自民党の一強体制で、論理展開を無視する反知性主義が横行しています。これがこの先どこに向かって、どういうモデルになっていくことが考えられるんでしょうか。

斎藤　モデルも行き先もないので、僕は「ヤンキー主義」と名付けざるを得なかったというか。ただ、一種の美学はあるだろうと思うんですよ。

佐藤　『永遠の0』みたいな美学ですね。

斎藤　そうですね。「美しい国」的な、そういう美学はあるでしょう。そういう美学の部分にも多少危険性があると思うんです。でも、その美学にはロジックが全然ないというか。ヤンキー主義というのは、もともと理論武装してる人ですら、バカになってしまうという空間です。そういった意味では、ファシズム的な暴走の危険は少ないでしょう。

それから、ヤンキー主義というのはある種のエートスで、一方には倫理性があるわけです。道徳性といってもいいかもしれません。自民党もそうですけど、ヤンキーは道徳がすごく好きです。たとえば、「親を大事にしましょう」とか、「人に迷惑をかけないようにしましょう」とか、「絆を大事にしましょう」とか。ヤンキーには、こういう素朴なところに回帰する回路がある。だから、ファシズム的な尖った暴走には至りにくいというか、ファシズム的な方向に行こうとすると、みんなが引いてしまう感じです。これも隣組的な同調圧力だと思うんですけれどもね。でも、それがけっこう安全弁になってる感じです。

日本の犯罪率の低さなんかも、ヤンキー性が不良性を回収してる部分が影響してるでしょう。よさこいソーランに代表されるように、群舞で不良性の衝動を吸収してしまう。誰が考えたんだか知りませんけど、非常にうまくできた構造です（笑）。

佐藤 イタリアのファシスト党のように、郡部から中心への行進が起きないということですね。

斎藤 マスゲームにも、行進にもならないという群舞の文化があります。群舞って、どう理解していいか、わかるようでわからないところもあるんですけど。群舞の中でも決して人心一つにはなりません。けれど、傍目に見ると気持ちが悪い。もちろんマスゲームほどは極端化しません。まさにヤンキー的中間集団の極みとしか、言いようがない。中間集団というのは、すぐバラけてしまうので、全体集団になりにくいということかもしれません。

佐藤 中間集団としての結集軸は、シンボルですか？

斎藤 シンボル的なものはあると思います。

佐藤 中間集団の中では、実際に助け合いますか？

斎藤 助け合います。「絆」ですから。

佐藤 金出したり、メシ食わせたり。

斎藤　そのくらいはします。儒教文化圏の特徴かもしれませんけど、絆でつながってるときは支え合うんです。ただ、ある一線を越えちゃうと徹底的に排除するっていう一線の引かれ方があります。

佐藤　その一線っていうのは可動的なんですね。

斎藤　かなり可動的だと思います。集団によっても違うと思いますし。

佐藤　同じ集団でも、時代状況など与件が変わると、その一線も変わってくるわけですね。

斎藤　ええ。ファシズムの関係で言えば、内藤朝雄[16]さんが言う、「中間集団全体主義」という形だと思うんです。いわゆるファシズムとは違うんですけれども、さっき佐藤さんがおっしゃった同調圧力のように、中間集団は、たとえば学校のクラスでスクールカーストを作ったり、いじめの温床になったりというレベルの問題が起こってるということになります。スクールカーストのように、階層があると閉じやすいという構造がいろんなところに出てくるということではないでしょうか。

佐藤　そうすると、新自由主義におけるアトム的な人間観や社会観とは当然ぶつかります。

斎藤　ええ。個人主義の否定ですから。

16―**内藤朝雄**（ないとう・あさお）１９６２年〜。東京都生まれ。社会学者。いじめ問題に関する研究で知られる。著書に『〈いじめ学〉の時代』『いじめの構造―なぜ人が怪物になるのか』、本田由紀・後藤和智との共著に『「ニート」って言うな！』など。

佐藤　だから、新自由主義的な流れが出てくることに対する反発として、今お話しされた、身分的な、あるいは、前ファシズム的な処方箋というのは出てき得るわけですよね。

斎藤　処方箋……。

佐藤　全体として合成されるとよく見えませんね。

斎藤　全体の合成を考えないシステムになってますから。

佐藤　でも、システムとして、きっとどこかで合成できてるはずです。

斎藤　まあ、そうですね。ヤンキー的なものが非常に不気味なのは、別に統制しようという意思がないにもかかわらず、みんなの世間的な倫理観から価値観ができてしまうところです。

佐藤　ヤンキー的なもの、ファシズム的なもの、それから新自由主義的なものに対して、教養主義って対抗軸になりえますかね。

斎藤　なりうるんじゃないでしょうか。

佐藤　処方箋ということを考えると、やはり教養主義的なものっていうのは非常に重要です。

斎藤　同感です。

ファシズムよりも恐ろしいもの

佐藤　日本では「ファシズムが軽々に成立する」っていう警鐘を鳴らさない方がいいと思うんです。それはオオカミ少年の話になりますから。

斎藤　そうなんですね。

佐藤　それよりも、ファシズムと民族の関係についてよく考える必要があると思います。日本のインテリの中にある、ナショナリズムにおけるダブルスタンダードが要因の一つです。要するに、インテリは大民族のナショナリズムに関しては同胞主義的なんです。「支配の道具である民族なんていうのは、近代にできたものでとんでもないものだ」と。民族の上に乗っかるのは、抑圧の論理だと主張する。ところが、小民族の論理になると、急に原初主義的になって、「民族は昔からあるから自決権を尊重すべきである」となってしまう。どこまでが大きくで、どこまでが小さいのかという区別がものすごく曖昧で、ほとんどが意味のない議論になってくるんですよ。

斎藤　なるほど。

佐藤　ただ、日本人は恐ろしいことに、民族に対して鈍感です。民族に対して鈍感なところに「内」と「外」をどうやって作っていくのかということです。実際のところ、在日朝鮮人や中国人など外部としての民族っていうことに対して、非常に鈍感なんですよ。それに沖縄人が含まれつつある。

斎藤 またその鈍感さにも、ファシズムへのなりにくさがあると思います。

佐藤 あると思います。ファシズムの場合、やはり「内」と「外」っていう仕分けが必要ですから。

斎藤 そうですね。

佐藤 私はなぜファシズムがいかんと思うのかというと、必ず非国民を作りだすからなんです。

斎藤 ええ。

佐藤 ファシズムの内側にいる人はそれがわからないから、ファシズムはいいと思ってしまうわけです。ただ、非国民だって認定された側にとっては、こんなシステムは堪《たま》ったもんじゃありません。

イタリアのファシズムは、「内」と「外」の仕分けっていうことをしても、ナチスのように極端な形にはなっていません。逆に、ナチス型になってきた場合、人種やイデオロギーなど、いろんなものがファシズムの中に入ってきてしまう。それで、ユダヤ人種の絶滅みたいな話になってくるんです。

斎藤　そうですね。

佐藤　逆に、日本はファシズムすら成立しないような恐ろしい状態になっている――。

斎藤　という言い方の方がずっと説得力があります。安倍総理をヒトラーに例えるような茶番をやってると、本当に不満を抱えている人の不満をすくいきれないでしょう。不満を抱えている人たちの大多数から「アイツらと一緒になりたくない」っていう反発が出てくるので。今の状況からファシズムというのにあんまり飛び付かない方が有効な批判ができるのではないかということを提案したいんです。

おわりに

佐藤 優

知的に興奮する対談だった。斎藤環氏と話していると、既視と未知の感覚が私の心の中で交錯する。

斎藤環氏は、一九六一年九月生まれだ。私は、一九六〇年一月一八日生まれなので、年齢が一年八カ月離れている。私は早生まれなので、小学校の入学は二年早い。しかし、だいたい同世代と考えてよい。子どもの頃見たテレビ番組も、鉄人28号、宇宙少年ソラン、W3（ワンダースリー）、ひょっこりひょうたん島、ウルトラQ、ウルトラマン、ウルトラセブン、巨人の星など共通している。

まず、既視感について話す。それは、斎藤氏の細部に対するこだわりに既視感を覚えた。断片的な話から推察すると、斎藤氏は怪獣について、かなり詳しいようだ。それに対して私は、怪獣については通り一遍の知識しかなく（ちなみに好きな怪獣は、ペギラとガラモン）、むしろ、関心はプラモデルに集中していた。性格的に一つのことに凝ると、なかなか抜け出すことができない（北方領土交渉もその一つで、東京地方検察庁特別捜査部によって逮捕されることによって、ようやく対露外交の世界から抜け出すことができた）。最初、戦艦、飛行機、戦車、自動車をバランスよく作っていたが、途中から、飛行機にだけ関心が集まるようになった。飛行機も、最初は軍用機、民間機の両方に関心があったが、徐々に軍用機に関心が集中した。それもプロペラ機で、スケールは1／72のものだけだ。プラモデルを初めて作ったのは小学校二年生のときであるが（機種は父親が買ってきた零戦52型）、接着剤をつけすぎて、惨めな姿になってしまった。それが口惜しくて、プラモデルをきれいに組み立てたいと思っているうちに、この世界から抜け出せなくなった。同時に、関心は飛行機のメカニズムに広がっていく。戦闘機や爆撃機のプラモデルを五〇〇個以上組み立てるとともに第二次世界大戦中の軍用機関係の雑誌や本を数十冊、父親にねだって買ってもらい（母は少しでも軍隊や戦争を称揚するような本や雑誌は、絶対に買ってくれなかった）、内容を暗記した。

私がプラモデルの軍用機収集という泥沼から抜け出すきっかけになっ

たのは、小学校六年生のときにアマチュア無線の免許を取ったことだ。50メガヘルツ（6メーターバンド）でのAM、FMの通信が面白くなり、プラモデルも軍用機関係の本や雑誌も全部捨てた。ただし、私がアマチュア無線に熱中したのは二年程度で、その後、関心は読書に移った。そして、この趣味は現在まで続いている。

今回、『風立ちぬ』の対談をしているときに、四〇年以上前に封印したはずの軍用機に関する記憶が噴き出してきた。斎藤氏に、私が軍用機オタクだったことを見抜かれてしまった。

二人の興味、関心の対象は異なっている。斎藤氏は、AKB48やももいろクローバーZのメンバーに関心があり、かなり詳細な情報を持っている。私は、ロシアのプーチン大統領を取り巻くイワノフ大統領府長官、パトゥルシェフ安全保障会議書記、スルコフ大統領補佐官、ワイノ大統領府副長官、セーチン・ロスネフチ（ロシア石油）社長などの履歴（秘密の部分がかなりある）、人間関係の細かい部分について調べていると楽しくなってくる。対象は異なるが、二人の人間分析の手法は似ているように思える。

未知の感覚は、斎藤氏がポストモダニズムの洗礼を受けていることだ。私の理解が間違えていなければ、ジャック・ラカン（一九〇一～八一年）の精神分析学が斎藤氏が社会や人間を見るときの思考に強い影響を与えている。

これに対して、私に強い影響を与えたのは、マルクス経済学者の宇野弘蔵（一八九七～一九七七年）とチェコのプロテスタント神学者ヨゼフ・ルクル・フロマートカ（一八八九～一九六九年）だ。

二一世紀の日本と世界で、思想や哲学を学ぶ人は、ラカンを無視することはできない。これに対して、宇野やフロマートカは、私の二世代前の人たちが取り組んだ知識人で、現在ではほとんど忘れ去られている。同世代の論壇人と比較して、私の思想の基礎となっている道具が旧いのである。

私は一九八五年三月に同志社大学大学院神学研究科（組織神学専攻）を修了した。修士論文は、チェコスロバキアのスターリン主義政権とプロテスタント教会の関係について扱った『ヨゼフ・ルクル・フロマートカの共産主義観――現代東ヨーロッパに於けるプロテスタント神学の展開についての一考察』だった。社会主義国の神学について扱った修士論文が提出されたのは、初めてのことだと指導教授から言われた。

この論文は、大きな枠組みで言えば、キリスト教の立場からの現実に存在する社会主義（スターリン主義）に対する批判がテーマになっている。しかし、決して反マルクスの立場に立っているわけではない。フロマートカは、スターリン主義に対する異議申し立てを行なった。一九六八年のソ連軍を中心とするワルシャワ条約機構五カ国軍のチェコスロバキア侵攻に抗議し、侵略軍の即時撤退を要求した。このときからフロマートカは、チェコスロバキア、東ドイツ、ソ連などでディシデント（異論派）と見なされるようになった。

私は研究を通じて、フロマートカという神学者に魅せられた。そして、チェコスロバキア社会主義共和国に留学して、フロマートカ神学が無神論を国是に掲げる国家の下で、どのように生きているかを知りたくなった。しかし、当時、チェコスロバキアへの留学は政府間協定に基づく年一人の枠しかなく、通常、二年留学するので、実質的には二年に一人の枠しかなかった。この国への留学事情について調べると、東京外国語大学にチェコ語の首領（ドン）のような教授がいて、この人の御眼鏡に適《かな》わないと留学は難しいということだった。

同志社で私にロシア語を教えて下さったのが渡辺雅司《まさじ》先生で、先生は東京外国語大学ロシア語科出身なので、チェコ語のドンとも面識がある。そこで渡辺先生に相談すると、「恐らく佐藤君とは波長が合わないと思う。そもそも神学は、交換留学の研究テーマに含まれていないので、留学申請自体が受理されないと思う。チェコ思想史や哲学などダミーの研究テーマを立てても、これまでの研究実績がないので、説得力に欠ける。それに神学部と大学院神学研究科を出ているということになると、チェコスロバキア当局も警戒する。それだから通常のルートでのチェコへの留学は、まず無理と考えた方がいい。神学部の先生と相談すれば、抜け道が見つかるかもしれない」という助言を受けた。指導教授に相談すると、「スイスミッションの奨学金を得て、スイスの大学院に留学して、そこからときどき調査目的でプラハに出張すればよい」と言われたが、その気にならなかった。現実に存在する社会主義社会の中で暮らすことを通じて、フロマートカ神学がチェコの教会と社会で果たしている機能を皮膚感覚で知りたかったからだ。

そこで私は、チェコ語を専門とする外交官になれば、チェコに留学できるのではないかと考えた。調べてみると外務公務員採用専門職員試験という区分の外交官試験があり、この試験に合格して、チェコ語を研修することになれば、プラハのカレル大学に二年間留学することができる。給与とは別に月に三〇万円近い研修手当がでる。外務省を退職しても返還義務はない。しかも、留学中は職務から完全に解放されて、チェコ語の習得に専心することが求められている。語学さえきちんと身につければ、後は何をしても構わないということだ。

私は、高校受験のとき以来、久しぶりに本格的な受験勉強をした。試験に合格したとき外務省人事課からは「チェコ語を研修してもらうことになる」と言われたが、実際に命じられたのは、ロシア語研修だった。「ロシア語とチェコ語は、ともにスラブ語族だし、モスクワに勤務すればチェコにはときどき出かけることができる」と甘く考えて、外務省に入ったことで、私の人生の軌道がずれた。この新しい線路が、最終的に東京地方検察庁特別捜査部による逮捕という終着駅に至るとは、夢にも思っていなかった。しかし、英国陸軍語学学校、モスクワ国立大学での研修、その後のモスクワの日本大使館勤務でロシア社会に食い込むことができ、また、一九九五年に帰国した後はインテリジェンス業務に従事し、北方領土交渉にかなり深く関与することになり、得難い経験をした。

仮に私が外務省に入らなかったならば、どのような人生を送っていたであろうか。恐らく、一九八〇年代後半に日本を襲ったポストモダン思想とバブル経済の影響を受けたと思う。その場合、私は神学的には言語神学、思想的にはポスト構造主義に引き寄せられていたと思う。外国語もロシア語やチェコ語ではなく、フランス語を勉強したと思う。その場合、斎藤環さんとのこのような対話は成立しなかったと思う。もっと予定調和的になったと思う。

ナショナリズムやファシズムの問題について、この対談で私は斎藤さんから多くのことを学んだ。今後も学び続けていきたい。現下政治エリートの特徴を斎藤氏が「ヤンキー」と特徴づけたのは慧眼だ。私の場合、「反知性主義」というような月並な言葉しか思い浮かばなかった。斎藤氏は、ヤンキー政治家がファシズムを展開することはできないと考える。私は、霞ヶ関（官界）で「自分はきわめて有能だが、それが組織によって正当に評価されていない」という不満を持つ、能力は低いがヤル気のある官僚がヤンキー政治に利用価値を見だすと、日本でもファシズムが成立すると考えている。その受け皿となる政治的愚連隊もすでに存在している。

機会があれば、この点について議論を掘り下げたい。もっとも生産的な議論をするために、私に欠如している一九八〇年代後半から、一九九〇年代半ばまでの日本の思想と社会の状況について、きちんと勉強する必要があると感じている。

本対談が単行本になるにあたっては、『週刊金曜日』の赤岩友香さんにおせわになりました。また、『週刊金曜日』副編集長の伊田浩之氏の適切な御指導なくして、私はこの作品を仕上げることができなかったと思います。この場を借りて、感謝の意を表明します。

佐藤 優　さとう・まさる

1960年、東京都生まれ。作家。
著書に『国家の罠』（新潮社）、『自壊する帝国』（新潮社）、
『人に強くなる極意』（青春出版社）、
共著に『はじめてのマルクス』（金曜日）など多数。

斎藤 環　さいとう・たまき

1961年、岩手県生まれ。精神科医。
著書に『ひきこもりから見た未来』（毎日新聞社）、
『キャラクター精神分析』（筑摩書房）、
『世界が土曜の夜の夢なら』（角川書店）、
共著に『母と娘はなぜこじれるのか』（NHK出版）など多数。

反知性主義とファシズム

2015年5月31日　初版発行

著　者　佐藤優　斎藤環
発行人　北村肇
発行所　株式会社 金曜日
〒101-0051
東京都千代田区神田神保町2-23
アセンド神保町 3階
http://www.kinyobi.co.jp/

業務部
電　話　03-3221-8521
FAX　03-3221-8522
メール　gyomubu@kinyobi.co.jp

編集部
電　話　03-3221-8527
FAX　03-3221-8532
メール　henshubu@kinyobi.co.jp

ブックデザイン　寄藤文平＋吉田考宏（文平銀座）
印刷・製本　精文堂印刷株式会社

ISBN978-4-86572-002-0　C0036

『週刊金曜日』の発刊に寄せて（抜粋）

支配政党の金権腐敗、この政党に巨額献金する経済主流が見逃す無責任なマネーゲーム、巨大化したマス文化の画一化作用、これらは相乗効果を発揮して、いまや底無しの様相を呈し、民主主義の市民と世論を呑み込む勢いである。

この三つの荒廃には、さまざまな超越的、イデオロギー的批判が下されている。しかし、あまりものをいうようにも見えない。

むしろ、いま必要なのは、前途をどうすれば明るくできるか、その勢力と方法の芽生えはどこにあるのかをはっきりさせる内在的、打開的批判であり、この批判を職業とし、生活し、思想する主権市民の立場から実物教示してみせる仕事である。

いかなる機構、どんな既成組織からも独立し、読者と筆者と編集者の積極的協力の道を開き、共同参加、共同編集によって、週刊誌における市民主権の実をあげるモデルの一つを作りたいと願っている。

一九三五年、ファシズムの戦争挑発を防ぎ、新しい時代と世界をもたらすために、レ・ゼクリバン（作家・評論家）が創刊し、管理する雑誌として出され部数十万を数えた『金曜日（ヴァンドルディ）』の伝統もある。

読者諸君、執筆者諸君の積極的参加を心から期待したい。

久野　収